Schriften der Katholischen
Akademie in Bayern
Herausgegeben von Franz Henrich
Band 144

Dr. Helmut Ruhwandl
Pfarrer an St. Markus, Dekan
Gabelsbergerstraße 6
80333 München

November 1994

Verantwortung für das menschliche Leben

Herausgegeben von
August Wilhelm von Eiff

menschliche Leben

Die Zeugung des Lebens das ungeborene Leben das verlöschende Leben

Mit Beiträgen von
Alfons Auer,
August Wilhelm von Eiff,
Wilhelm Ernst,
Johannes Gründel,
Ingolf Schmid-Tannwald,
Hans-Bernhard
Wuermeling

Patmos Verlag
Düsseldorf

Die Deutsche Bibliothek – CIP-Einheitsaufnahme

Verantwortung für das menschliche Leben :
die Zeugung des Lebens, das ungeborene Leben, das verlöschende Leben/
hrsg. von August Wilhelm von Eiff. Mit Beitr. von Alfons Auer . . . –
2. Aufl. – Düsseldorf : Patmos-Verl., 1992
(Schriften der Katholischen Akademie in Bayern ; Bd. 144)
ISBN 3-491-72255-1
NE: Eiff, August Wilhelm v. [Hrsg.]; Auer, Alfons, Katholische
Akademie in Bayern <München>: Schriften der Katholischen . . .

Umschlaggestaltung: Martin Wundsam, Meerbusch
Gesamtherstellung: Lengericher Handelsdruckerei, Lengerich
ISBN 3-491-72255-1

Inhalt

Vorwort

Die Verantwortung für das menschliche Leben ist unteilbar. Sie reicht von der Verantwortung am Beginn des menschlichen Lebens bis zur Verantwortung für das verlöschende Leben. Jeder einzelne und die Gesellschaft insgesamt müssen sich dieser Verantwortung stellen. Der Einigungsvertrag zwingt die Politiker in der Bundesrepublik, sich mit den unterschiedlichen Abtreibungsgesetzen in den alten und neuen Bundesländern auseinanderzusetzen und eine einheitliche Rechtsgrundlage zu schaffen. In den vorbereitenden Diskussionen wird deutlich, was in anderen Ländern in den Abtreibungsdebatten schon offenkundig war: daß tiefgreifende Meinungsunterschiede über die Qualität eines befruchteten menschlichen Eis und die Verpflichtung, menschliches Leben auch in den ersten Wochen zu schützen, bestehen. In einem Punkt findet man Gemeinsamkeiten, daß nämlich die Abgeordneten eines Parlaments, die die Abtreibung nicht als eine legitime Methode der Geburtenregelung ansehen, alle Hilfen zu fördern wünschen, die es Frauen ermöglichen, ein Kind auszutragen und zu erziehen. Zu den Maßnahmen, die dazu beitragen, daß Frauen gar nicht in eine Situation geraten, eine Abtreibung zu erwägen, gehört auch die Vermeidung einer ungewollten Schwangerschaft. Hier wird offenkundig, daß Verantwortung für menschliches Leben bereits mit der Verantwortung für die Zeugung beginnt.

Nun sehen sich gerade die Politiker aller Parteien, die aus christlicher Überzeugung ihre Entscheidung bei der gesetzlichen Regelung des Schwangerschaftsabbruchs treffen wollen, dem Vorwurf ausgesetzt, daß das Lehramt der katholischen Kirche künstliche Empfängnisverhütung ablehnt, daß sie also, soweit sie sich der Befolgung kirchlicher Vorschriften verpflichtet fühlen, gar nicht frei seien, den wirksamsten vorbeugenden Maßnahmen zuzustimmen, für die im Zusammenhang mit der Abtreibungsregelung notfalls auch soziale Unterstützung (Bezahlung durch Krankenkassen) gefordert wird. Schwerwiegender ist noch der Vorwurf gegenüber diesen Abgeordneten, die katholische Kirche trage durch ihre Haltung in der Empfängnisregelung dazu bei, daß ungewollte Schwangerschaften und damit die Abtreibungsproblematik entstehen. Muß aber wirklich ein solcher Konflikt vorprogrammiert sein? Ist es nicht möglich, daß bestimmte lehramtliche Äußerungen neu formuliert und modifiziert werden? Dies scheint durchaus möglich, insbesondere, wenn man die Publikationen des Papstes und des Präfekten der Glaubenskongregation aus ihrer jeweiligen vorrömischen Zeit als Basis einer Anfrage und eines Dialogs wählt. Hier finden sich nämlich genügend Anhaltspunkte für eine Lösung, die sowohl von theologischer wie von humanwissenschaftlicher Seite akzeptabel und die vor allem für Menschen in ihrer konkreten Situation ein hilfreicher Weg ist.

Die Diskussionen über die Verantwortung am Beginn des Lebens dürfen nicht geführt werden, ohne daß die Sensibilität für eine Verantwortung erhöht wird, die dem gesamten menschlichen Leben gegenüber wahrzunehmen ist. Erkennbar sollte dies vor allem auch gegenüber den Schwerbehinderten und dem verlöschenden Leben sein, wo die Diskussionen über aktive Euthanasie – Töten – und passive Euthanasie – Sterbenlassen – oft ein solches Einfühlungs- und Differenzierungsvermögen vermissen lassen. Dabei beschränkt sich die Euthanasiediskussion nicht auf die Tötung von Patienten im Endstadium einer Erkrankung, sie erfaßt auch mißgebildete Embryonen und Säuglinge. Hier handelt es sich ebenfalls um eine Herausforderung der Gesellschaft, wie die Forderungen nach entsprechenden gesetzlichen Regelungen zeigen.

Die Rolle des Arztes wird in den öffentlichen Diskussionen vielfach übersehen; denn wie bei den Entscheidungen am Beginn des Lebens stellt sich auch bei den Entscheidungen bezüglich eines schwerbehinderten und eines verlöschenden Lebens die

Frage nach der spezifischen ärztlichen Verantwortung. Das Spezifikum ist die Maxime jedes ärztlichen Handelns: »nil nocere« (nicht schaden). Das Vertrauen der Patienten basiert darauf, daß sich die Ärzte dieser Verpflichtung immer bewußt sind und ihr Handeln danach ausrichten. Die Handhabung einer aktiven Euthanasie würde dieses Vertrauen ebenso fundamental untergraben wie eine nicht indizierte Schwangerschaftsunterbrechung.

Die Verantwortung für das menschliche Leben vom Beginn bis zum Ende war dem Direktor der Katholischen Akademie in Bayern, Dr. Franz Henrich, ein so großes Anliegen, daß er die Thematik im Zusammenhang abzuhandeln wünschte. Dies geschah in einer Tagung im Juli 1991, bei der Mediziner die Problematik darstellten und Moraltheologen die ethischen Prinzipien erläuterten, die eine Gesellschaft nicht vergessen sollte, die nach humanen Lösungen strebt. Das intensive Bemühen von Dr. Henrich, auch weibliche Referenten zu gewinnen, war nicht von Erfolg gekrönt. Doch waren neben den Juristen Prof. Albin Eser, Freiburg, und Prof. Walter Odersky, Karlsruhe, die Medizinprofessorinnen Traute Schroeder-Kurth, Heidelberg, und Elisabeth Trube-Becker, Düsseldorf, offizielle Gesprächspartner. Mögen die hier publizierten Vorträge auch eine solch intensive und fruchtbare Diskussion auslösen, wie dies bei der Münchener Tagung der Fall war.

August Wilhelm von Eiff

August Wilhelm von Eiff

Empfängnisverhütung als wirksame Vorbeugung gegen Abtreibung

Einleitung

Bereits das Thema dieses Beitrags dürfte den Widerspruch von Kardinal Ratzinger hervorrufen. Denn in seinem Referat auf der Kardinalsversammlung vom 4. bis 7. April 1991 widersprach er der These, daß das beste Mittel im Kampf gegen die Abtreibung die Förderung der Empfängnisverhütung sei, mit dem Argument, es lasse sich ein paralleler Anstieg der Empfängnisverhütung und der Abtreibungen feststellen. Empfängnisverhütung und Abtreibung hätten ja auch ihre Wurzeln in einer entpersönlichenden und utilitaristischen Sicht der Sexualität und Zeugung (1). Hierauf muß man antworten, daß die angebliche Empirie über das parallele Verhalten von Empfängnisverhütung und Abtreibung nicht belegt werden kann. Im Gegenteil läßt sich z. B. für die Bundesrepublik beweisen, daß die Zahl der registrierten Schwangerschaftsabbrüche seit 1980 ziemlich konstant ist, nämlich 87702, 87535, 91064, 86529, 86298, 83538, 84274 pro Jahr (2), während sich die Praxis der Empfängnisverhütung infolge variabler Einstellung zur Pille und zur Kondombenutzung mehrmals erheblich verändert hat. Da demnach die Prämisse der Ratzingerschen These widerlegt werden kann, lohnt sich eine sachliche Analyse. Sie soll in der Weise erfolgen, die in der Medizin bei der Darstellung einer Krankheit üblich ist, nämlich als Beschreibung des Krankheitsbildes, der Ätiologie, also der Krankheitsursachen, der Therapie und der Prophylaxe, also der Vorbeugung. Dabei soll der ungerechtfertigte Schwangerschaftsabbruch nicht als Krankheit, wohl aber als malignes, d. h. bösartiges Symptom definiert werden.

I. Das maligne Symptom

Der Tatbestand einer weltweit großen Zahl von Schwangerschaftsabbrüchen kann nicht bestritten werden, wird allerdings immer seltener als Übel erkannt. Die Dunkelziffern illegaler Aborte können nur mit sogenannten Dunkelfelduntersuchungen erfaßt werden, die auf einer in ein allgemeines Interview eingebauten schriftlichen Befragung von repräsentativen Stichproben von Frauen beruhen.

Länder, die den Schwangerschaftsabbruch gesetzlich geregelt haben, tun dies entweder mit einer Fristenregelung oder mit einer Indikationsregelung. Zunächst seien Beispiele angeführt, wie Staaten bestimmte Fristen festsetzen, in denen der Schwangerschaftsabbruch erlaubt ist (3). In den USA hat die Frau das uneingeschränkte Recht auf einen Schwangerschaftsabbruch bis zur 12. Woche. In Schweden kann ein Schwangerschaftsabbruch bis zum Ende der 18. Schwangerschaftswoche durchgeführt werden; dabei muß die Frau vor der 12. Woche nur einen Arzt und danach auch eine Sozialarbeiterin konsultieren. In Frankreich und Italien ist die Fristenregelung an eine obligatorische Beratung gekoppelt. Der Schwangerschaftsabbruch kann dann in Frankreich bis zum Ende der 10. Woche und in Italien innerhalb der ersten 3 Monate durchgeführt werden. Indikationsregelungen bestehen in der Schweiz, Spanien und England. In Spanien ist seit sechs Jahren der Schwangerschaftsabbruch bei Vergewaltigung, bei schwerer physischer und psychischer Gefährdung und bei Mißbildung des Fötus erlaubt, in der Schweiz nur bei gesundheitlicher Gefährdung der Mutter und in England zusätzlich auch bei schwerer Schädigung des Fötus. In der Bundesrepublik (4, 5) gibt es bei Wunsch der Schwangeren den legalen Schwangerschaftsabbruch in den ersten 12 bzw. bei kindlicher Indikation in den ersten 22 Wochen, falls eine medizinische, kriminologische oder kindliche Indikation besteht bzw. bei »sonstiger schwerer Notlage«, die mehr unter dem Begriff »soziale Indikation« bekannt ist. Der frauenpolitische Arbeitskreis der PDS-Gruppe im Bundestag hat nun sogar die völlige Freigabe der Abtreibung ohne jede Fristenbegrenzung gefordert.

Schwangerschaftsabbrüche rekrutieren sich also in den verschiedenen Ländern aus legalen Schwangerschaftsabbrüchen aufgrund einer Indikations- oder einer Fristenregelung und der Dunkelziffer der illegalen Abtreibungen.

In der Bundesrepublik hat sich seit 1980 die Zahl der registrierten Schwangerschaftsabbrüche bei einem Median von 86 592 pro Jahr eingependelt. Aufgrund der Dunkelfeldforschung mußte man allerdings jährlich ca. 120 000 Schwangerschaftsabbrüche in der alten Bundesrepublik annehmen, von denen $\frac{2}{5}$ legal und $\frac{3}{5}$ rechtswidrig vorgenommen werden. Der Anteil der ledigen Frauen hat kontinuierlich zugenommen, nämlich von 29% im Jahre 1977 auf 45% im Jahre 1986. Bezüglich einer Konfessionsgebundenheit ergab sich, daß sich 2,8% der Frauen, die sich sehr stark, 7,3% der Frauen, die sich stark, 45% der Frauen, die sich weniger stark, und 24,8% der Frauen, die sich gar nicht einer Konfession verbunden fühlten, einen Schwangerschaftsabbruch durchführen ließen, wobei offenbleibt, ob die geringe Verbundenheit, die bei diesen Untersuchungen angegeben wurde, erst nach einem Schwangerschaftsabbruch aufgetreten war oder schon vorher bestanden hatte. 20,2% der Frauen hatten keine Angaben zu ihrer Konfessionsverbundenheit gemacht (2). Beim 94. Deutschen Ärztetag im Mai 1991 ging man ohne entsprechende statistische Analysen von noch wesentlich höheren jährlichen Zahlen aus, nämlich von 200 000 bis 250 000 Schwangerschaftsabbrüchen in der alten Bundesrepublik und zusätzlich 80 000 in den neuen Bundesländern. 82% der Schwangerschaftsabbrüche werden in der Bundesrepublik ambulant in gynäkologischen Praxen durchgeführt.

II. Die Ätiologie

Sieht man von Vergewaltigungen und Gesundheitsgefährdung der Mutter und Mißbildung der Föten ab, dann sind es neben erzwungenen Aborten durch den Erzeuger oder durch Angehörige Belastungen oder ablehnende Haltungen der werdenden Mutter, die zu einem Schwangerschaftsabbruch führen. Materielle Not kann unterschiedliche Dimensionen haben. Schwere Armut findet man auch dort, wo man es nicht ohne weiteres vermutet, z. B. in New York, einer Stadt, in der zugleich der größte Reichtum konzentriert ist. Hier sind Menschen auf der untersten Stufe der sozialen Leiter arbeitslos und ohne Heim. Sie leben in primitiven selbstgebauten Hütten, inmitten des Abfalls der Stadt. Ein Drittel der Menschen ist psychisch krank, 40% sind chronische Alkoholiker; viele sind drogensüchtig. Kann man wirklich ermessen, wie sich eine solche Situation auf das Sexualleben dieser Menschen auswirkt?

In der Bundesrepublik gibt es keine analoge Armut. Aber auch hier können materielle Sorgen zu seelischen Belastungen in einer Schwangerschaft führen. So gaben 1990 92% der Frauen, die eine der 18 katholischen Schwangerschaftskonfliktberatungsstellen des Erzbistums Köln aufsuchten, an, daß durch die Schwangerschaft finanzielle Probleme entstanden seien; 41% klagten über Wohnungsprobleme, 22% über Arbeitslosigkeit, und 18% befürchteten berufliche Schwierigkeiten. Insgesamt konsultierten diese Stellen im letzten Jahr 5 505 schwangere Frauen; nur 22 ließen nach der Beratung und den sozialen Hilfen einen Schwangerschaftsabbruch durchführen (6).

In den offiziellen Statistiken verbergen sich hinter anderen von den Frauen genannten Gründen sehr häufig auch Schwierigkeiten in den partnerschaftlichen Beziehungen. In 87% der Fälle erfolgt der Abbruch wegen einer sozialen Indikation. Zweifellos handelt es sich hier oft um eine Scheinindikation, um dem Gesetz zu genügen, eine Indikation, die auch von jenen Personen mit medizinischem Staatsexamen suggeriert und gestellt wird, die quasi als Full-time-job Abtreibungen durchführen. In der Gruppe der Frauen mit sozialer Indikation finden sich auch Frauen, die lediglich ein fehlendes Problembewußtsein hinsichtlich der qualitativen Unterschiede der Geburtenregelung haben und die einen Abbruch als eine mögliche Methode der Geburtenregelung ansehen; tatsächlich wurde in der früheren DDR, ebenso wie in Japan und in anderen Ländern, die Abtreibung so eingestuft. Bei den jetzt geführten Diskussionen um den § 218 hat man nicht selten den Eindruck, daß es bestimmten Politikerinnen weniger um eine Änderung des Strafrechts als vielmehr um eine Bewußtseinsänderung der Bevölkerung geht, bei der der Schwangerschaftsabbruch als legitime Methode der Geburtenregelung angesehen wird. Ungewollte Schwangerschaften mit der Folge eines Abbruchs kommen ferner bei Mangel an Verhütungsmitteln, bei einseitiger Empfängnisverhütungspolitik und bei religiös motivierter Ablehnung empfängnisverhütender Mittel vor.

Mangel an Verhütungsmitteln findet man außer in den Entwicklungsländern vor allem auch in Osteuropa. So ist die Pille in der UdSSR, außer in den Großstädten wie Moskau und Leningrad, kaum zu erhalten. In Ungarn führte dieses Defizit dazu, daß 1989 auf 120000 Geburten 90000 artefizielle Aborte entfielen. Rumänien bot darüber hinaus auch ein Beispiel, wie sich illegale Aborte auswirken. Denn hier sind seit 1966 Schwangerschaftsabbrüche untersagt, wodurch es zur Zunahme der illegalen und nichtprofessionellen Abtreibungen kam, die allein in Bukarest in den letzten 10 Jahren zum Tod von 196 jüngeren Frauen im Alter von 15 bis 20 Jahren führten.

Beispiel einer einseitigen, nicht effizienten Empfängnisverhütungspolitik ist Japan, wo nur der Verkauf von Kondomen erlaubt ist, was bei der Unsicherheit der Kondombenutzung bzw. auch Nichtbenutzung zu Abtreibungsziffern führte, die mehrfach so hoch sind wie in der Bundesrepublik.

Für uns sind schließlich jene ungewollten Schwangerschaften mit konsekutiver Abtreibung bedeutungsvoll, die aus religiös motivierter Ablehnung von Verhütungsmitteln zustande gekommen sind. Erst vor kurzem, als polnische Landsleute dem Papst

14

die Situation in Polen eindringlich vor Augen führten, daß nämlich jede 2. Schwangerschaft straffrei abgebrochen wird – das sind ca. ½ Million Abtreibungen im Jahr – soll der Papst ein schon lang bestehendes Übel erkennbar registriert haben, daß nämlich in Polen, hier weniger wegen eines Mangels an Verhütungsmitteln, sondern vorwiegend wegen der Befolgung kirchlicher Vorschriften hinsichtlich der Empfängnisverhütung, die Abtreibung zu einer der wichtigsten Methoden der Geburtenregelung wurde. Wie bedrohlich die Situation in Polen selbst empfunden wird, ergab die Arbeit der Sonderkommission des polnischen Parlaments, die im April 1991 eine Novelle zum Schutz des ungeborenen Lebens erarbeitete, wonach ein Schwangerschaftsabbruch nur noch bei einer strengen medizinischen Indikation statthaft ist und daß nicht nur die Personen hart bestraft werden sollen, die ungeborenes menschliches Leben töten oder eine werdende Mutter mit Gewalt, Drohung oder Täuschung zur Abtreibung nötigen, sondern auch die Mütter, die eine Abtreibung an sich vornehmen lassen. Umfragen, die kurz darauf durchgeführt wurden, zeigten, daß 59% der Befragten für die geltende liberale Abtreibungspraxis und nur 33% dagegen waren. Weitere europäische Beispiele sind die katholischen Länder Spanien und Irland, deren Frauen den größten Teil jener Frauen bilden, die nach Großbritannien zum Schwangerschaftsabbruch kommen.

An einem Fallbeispiel möchte ich verdeutlichen, wie sich das kirchliche Verbot empfängnisverhütender Mittel in concreto auswirken kann.

Bei einer Südamerikareise besuchte einer meiner Söhne in Ecuador eine Familie mit 10 Kindern. Die Frau erzählte ihm im Laufe des Gesprächs, daß sie zweimal im Jahr abtreibe. Auf die Frage meines Sohnes, warum sie nicht die Pille nehme, antwortete die Frau: »Wenn ich die Pille nähme, würde ich etwa 300 Todsünden im Jahr begehen, so aber begehe ich nur zwei Todsünden.« Man kann dieser einfachen Frau nicht logisches Denken absprechen, wenn sie die häufigen Verurteilungen des Papstes von Abort und Empfängnisverhütung im gleichen Satz, nur durch ein Komma getrennt, und damit deren anscheinende Gleichsetzung in dieser Weise auslegte.

Sicher ist aufgefallen, daß hier unter dem Ursachenfaktor »Armut« die Dritte Welt nicht erwähnt wurde. Dies hatte seinen Grund in den spezifischen Verhältnissen dieser Länder, die weitgehend Schwangerschaftsabbrüche als unerwünscht erscheinen lassen. Vielmehr besteht hier der Wunsch nach einer möglichst großen Geburtenzahl, auch aus religiösen Vorstellungen des Islam heraus, wonach Kinder, für die Gott auch sorgen wird, ein Segen sind. Der entscheidende Faktor für den Kinderwunsch ist aber die Armut. Kinder sind oft die einzige Altersversorgung. Um die Existenz der Großfamilie zu sichern, ist bei der hohen Kindersterblichkeit eine möglichst große Geburtenzahl erforderlich. So nimmt infolge zunehmender Armut der Massen die Bevölkerung zu, die sich mit immer mehr Kindern gegen die zunehmende Armut absichern will, statt dessen aber in einem Teufelskreis durch den Kinderzuwachs die Armut vergrößert. Der Weltbevölkerungsbericht des Bevölkerungsfonds der Vereinten Nationen 1989 stellte fest, daß in den Entwicklungsländern die Schulbildung der Frauen einer der verläßlichsten Indikatoren sowohl für die Gesundheit ihrer Kinder wie für die Fruchtbarkeit darstellt, und zwar in dem Sinn, daß höheres Bildungsniveau mit einem Rückgang der Fruchtbarkeit und einer verbesserten Gesundheit der Kinder korreliert. In dem Bericht dieses Gremiums vom 13. Mai 1991 werden erstmals »Zeichen der Hoffnung« registriert, d. h. Abnahme der Geburten in den Entwicklungsländern, wobei sich bei dem veröffentlichten Material die Frage stellt, ob für den Geburtenrückgang nicht auch in größerem Umfang Schwangerschaftsabbrüche verantwortlich sind, so daß man nicht von Zeichen der Hoffnung sprechen darf. Noch nicht absehbar sind die Folgen der raschen heterosexuellen AIDS-Ausbreitung in manchen afrikanischen Gebieten, an denen vor allem auch Frauen und Kinder außerordentlich zu leiden haben.

III. Die Therapie

Die Therapie, d. h. die Hilfe für die Betroffenen, muß zunächst versuchen, einen Abbruch zu vermeiden, da das Lebensrecht des Kindes und die personale Würde der Eltern durch eine Tötung des Ungeborenen nicht zerstört werden dürfen. Dies gilt auch für die unerwünschten Mehrlingsschwangerschaften bei der künstlichen Befruchtung, wo man durch gezielte Tötung eines überflüssigen Kindes, den sogenannten selektiven Fetozid, den anderen Kindern Platz schaffen will. Bei dieser Zielvorstellung eines Erhalts der Schwangerschaft müssen sich die Hilfen nach dem je vorhandenen Grund des Wunschs nach einem Schwangerschaftsabbruch richten. Bei materieller Not sollten alle Hilfen gewährt werden, die ermöglichen, das Kind nicht nur auszutragen, sondern auch großzuziehen. Die Völkergemeinschaft insgesamt ist gegenüber den Entwicklungsländern zur Solidarität aufgerufen, um das Bildungsniveau der Frauen in diesen Ländern mit allen positiven Folgen zu verbessern. In einer seelischen Notlage muß ein umfassender Rat gegeben werden. Beratung kann aber nur als suffizient gelten, wenn dreierlei Kenntnisse vermittelt werden, nämlich 1. solche über die biologischen Fakten der Embryonalentwicklung, damit die Frau weiß, wie ein Fötus zur Zeit des gewünschten Abbruchs aussieht, 2. über die psychosozialen Folgen eines Abbruchs für die Frau (7), die, wie deutsche und amerikanische Untersuchungen belegen, wirklich Spätfolgen sind, nämlich in den ersten Monaten nach dem Abbruch noch selten auftreten, und 3. über den Wert menschlichen Lebens. Die Väter sollten möglichst in die Beratung einbezogen werden. Auch für sie bestehen nämlich psychosoziale Folgen. Oskar Kokoschka hat das eindrucksvoll in seinem Bild »Stilleben mit Putto und Kaninchen« ausgedrückt, wo die Katze die Züge seiner Geliebten Alma Mahler trägt, die das mit ihm gezeugte Kind abtreiben ließ, und das Putto das ungeborene Kind und das hilflose Kaninchen die Rolle von Kokoschka in diesem Drama symbolisieren. Was in dem Maler vorging, beschrieb er in »Mein Leben« mit folgenden

Worten: »Man darf aus Lässigkeit das Werden eines Lebewesens nicht absichtlich verhindern. Es war ein Eingriff auch in meine Entwicklung. Einer konstanten geistigen Anstrengung bedarf es, dessen bewußt zu bleiben, was Leben heißt. Man darf sich nicht damit zufriedengeben, daß man vegetiert.«

Für die Christen gilt auch heute noch das, was im Diognetbrief Anfang des 3. Jahrhunderts über das Verhalten der Christen gesagt wurde: »Wir heiraten wie andere. Wir zeugen Kinder wie andere; aber wir treiben sie nicht ab.« Doch kann dieses Postulat in einer pluralistischen Gesellschaft nicht gesetzlich erzwungen werden. Zudem können Frauen nach einer sachlichen Beratung, infolge eines unüberwindlich irrigen Gewissens, zur Entscheidung eines Schwangerschaftsabbruchs kommen. Dieser sollte dann möglichst in einer Klinik durchgeführt werden, in der ein solcher Eingriff fachgerecht garantiert ist. Abtreibung kann nicht nur instrumentell, sondern auch medikamentös durchgeführt werden, z. B. durch das bei uns noch nicht zugelassene, aber von manchen Seiten intensiv herbeigewünschte Präparat RU 486, das in Form von drei Tabletten bis zum 49. Tag der Schwangerschaft zum Zwecke der Abtreibung eingenommen wird, wobei durch Zusatz von Prostaglandinen die Erfolgsquote von 80% auf 95% gesteigert wird. Daher muß betont werden, daß die genannten Richtlinien für sämtliche Methoden eines Schwangerschaftsabbruchs gültig sein sollten. Die Therapie darf sich aber auf keinen Fall darauf beschränken, der Frau eine Güterabwägung zwischen Erhalt und Abbruch einer Schwangerschaft zu ermöglichen. Sie muß, wie schon betont, vor allem in konkreten Hilfen je nach Notlage bestehen. Dazu gehört z. B., daß ledige Mütter im kirchlichen Dienst nicht in irgendeiner Form diskreditiert und sozial benachteiligt werden dürfen. Nach einer am 2. Mai 1991 im Deutschen Ärzteblatt veröffentlichten Studie vom Institut für Rechtsmedizin in Heidelberg gaben von 151 interviewten Frauen 56% an, der Schwangerschaftsabbruch sei für sie unumstößlich gewesen; hierzu gehörten alle Frauen mit medizinischer und kindlicher Indikation; 44% der Frauen gaben an, daß bei entsprechenden Hilfestellungen der mitmenschlichen Umgebung bzw. von öffentlicher Seite das Austragen der Schwangerschaft möglich gewesen wäre.

IV. Die Vorsorge

Die Not schwangerer Frauen, die glauben, das Kind nicht austragen oder erziehen zu können, der Gewissenskonflikt von Ärzten, die in staatlichen oder städtischen Kliniken zu einem solchen Eingriff gezwungen werden, der ihnen durch den hippokratischen Eid und dessen spätere Variationen untersagt ist, die unheilvolle Situation in den Entwicklungsländern ist je ein Unglück. Wie verhält man sich sonst, wenn ein Unglück geschieht? Natürlich werden alle Hilfsmaßnahmen ergriffen, um die Unglücksfolgen zu minimalisieren. Analog waren unsere therapeutischen Überlegungen. Dann aber wird man Vorsorge-maßnahmen treffen, die nach Möglichkeit eine Wiederholung des Unglücks ausschließen. Daher gehört es auch zur Fürsorge-pflicht aller für das Wohl der Menschen bestehenden Institutionen, über geeignete Möglichkeiten nachzudenken, wie ungewollte oder nicht wünschenswerte Schwangerschaften verhindert werden können. Diese Maßnahmen müssen wirksam sein, und sie dürfen die Würde der betroffenen Menschen nicht verletzen. Sie müssen zudem Rücksicht auf soziologische und kulturelle Besonderheiten nehmen. Auch die Kirche ist in dieser geschichtlichen Stunde verpflichtet, sich nicht auf ein Verbot der Abtreibung zu beschränken, sondern erneut, und zwar im interdisziplinären Dialog, über Vorsorge nachzudenken. Falls kein Lebensraum für ein Kind geschaffen werden kann, z. B. auch durch eine Erleichterung der Adoption, ist diese Vorsorge die Verhütung einer Empfängnis.

Eine Urteilsbildung setzt Kenntnisse über die natürlichen Vorgänge voraus. Bei einem koitalen Samenerguß beginnen, nachdem das Milieu in der Vagina die Spermien aktiviert hat, bis zu 500 Millionen Spermien die Wanderung durch die weiblichen

Geschlechtswege. Im allgemeinen benötigen die Spermien für das Erreichen der Eileiter einige Stunden. Unter günstigen Bedingungen können einzelne Spermien auch schon in wesentlich kürzerer Zeit dorthin gelangen. Auf diesem Weg verändern sich die Eigenschaften der Spermien so, daß diese befruchtungsfähig werden. Wenn sich noch kein Ei im Eileiter befindet, schwimmen die Spermien im Eileiter bis zu 5 Tagen hin und her. Ist unter dem Einfluß von Hormonen des Zwischenhirns und der Hirnanhangdrüse die Ausstoßung einer reifen Eizelle etwa 14 Tage vor Menstruationsbeginn aus einem der beiden Eierstöcke erfolgt, die sogenannte Ovulation, dann ist das in den Eileiter gelangte Ei ca. 24 Stunden befruchtungsfähig. Wenn es auf kein Spermium trifft, stirbt es ab. Infolge der langen Überlebenszeit der Spermien kann auch noch ein 4 oder 5 Tage vorher vollzogener Beischlaf zur Befruchtung führen; allerdings ist die Chance für eine Konzeption größer, wenn Beischlaf und Ovulation zeitlich zusammenfallen. Neues Leben beginnt, wenn die männliche Keimzelle desjenigen Spermiums, das in das Ei eingedrungen ist, mit dem weiblichen Gamet des Eis vereinigt ist. Die Millionen anderer Spermien dieses Ejakulats gehen bei diesem Prozeß zugrunde.

Das befruchtete Ei wandert durch den Eileiter zur Gebärmutter und nistet sich in deren Schleimhaut ein. Diese Implantation des befruchteten Eis in die hormonal vorbereitete Uterusschleimhaut wird Nidation genannt. Wie groß ist nun die Wahrscheinlichkeit, daß bei einem sicher fruchtbaren Paar eine geschlechtliche Begegnung zur Zeit des Eisprungs zur Geburt eines Kindes führt? 3 Größen ermöglichen, das Resultat zu berechnen: (1) nur 60–70% der Eier werden unter diesen Bedingungen erfolgreich befruchtet; (2) von diesen befruchteten Eiern haben 73% keine reelle Chance, auch nur die ersten 6 Schwangerschaftswochen zu überleben. (3) Mit ca. 90% Wahrscheinlichkeit überstehen die übriggebliebenen 27% die gesamte Schwangerschaft. Dies bedeutet insgesamt, daß die Wahrscheinlichkeit, daß eine geschlechtliche Begegnung eines sicher fruchtbaren Paares zum Konzeptionsoptimum, also unter den denkbar günstigsten

Bedingungen, zur Geburt eines Kindes führt, nicht über 15% liegt (8). Auch die Auswertung des zentralen Registers der 50 deutschen In-vitro-Fertilisations-Arbeitsgruppen für 1990 ergab, daß die Schwangerschaftsrate 20% pro Transfer betrug. Im übrigen gehen an den anderen 23 Tagen eines 28tägigen Zyklus bei ehelichen Begegnungen sämtliche Spermien zugrunde, und es besteht keine Möglichkeit einer Befruchtung. In diesen natürlichen Prozeß kann willkürlich eingegriffen werden. Dies kann einmal durch Eingriffe am menschlichen Leben geschehen und zum anderen dadurch, daß die Entstehung menschlichen Lebens verhindert wird. Eingriffe am menschlichen Leben sind Verhinderung der Nidation durch Medikamente, denen eigentlich die Bezeichnung »empfängnisverhütende Mittel« zusteht, und durch Abbruch der Schwangerschaft. Diese Eingriffe dürfen niemals zur einer Methode der Geburtenregelung werden. Das Bewußtsein für den fundamentalen Unterschied zur Befruchtungsverhütung kann gar nicht genug geschärft werden. Nur die Verhinderung der Entstehung menschlichen Lebens kann als eine vorbeugende Maßnahme angesehen werden. Der physiologische Ablauf läßt die Möglichkeiten eines vorbeugenden Eingriffs erkennen:

1. durch Verhinderung des Eisprungs mitttels oraler hormonaler Kontrazeptiva;

2. durch Beachtung des Zeitpunkts des Eisprungs und der Lebensdauer der Spermien, wobei die Partner die geschlechtliche Vereinigung nur zu einer Zeit vollziehen, in der eine Befruchtung nicht stattfinden kann; dies geschieht mittels der sogenannten Natürlichen Familienplanung NFP, die von Knaus-Ogino inauguriert und später durch zusätzliche Maßnahmen verbessert wurde;

3. durch Verhinderung des Befruchtungsvorgangs mittels mechanischer, chemischer oder immunologischer Beeinflussung der Spermien.

In einem interdisziplinären Dialog muß vor der Methodendiskussion geklärt werden, ob aktive Empfängnisverhütung – ich gebrauche den üblichen Fachausdruck, obwohl korrekt von

Befruchtungsverhütung gesprochen werden müßte – überhaupt sittlich erlaubt ist oder ob der Satz aus »Humanae vitae« zu gelten hat, daß jeder eheliche Akt von sich aus auf die Erzeugung menschlichen Lebens hingeordnet bleiben muß und daß jede Handlung verwerflich ist, die entweder in Voraussicht oder während des Vollzugs des ehelichen Aktes oder im Anschluß an ihn beim Ablauf seiner natürlichen Auswirkungen darauf abstellt, die Fortpflanzung zu verhindern, sei es als Ziel, sei es als Mittel zum Zweck.

Wegen der Bedeutung der *traditionellen Lehre,* die das Lehramt immer wieder betont hat, müssen einige Fragen hierzu geklärt werden, wie z. B.:

1. Welche biblischen Grundlagen meint Papst Johannes Paul II. in »Familiaris consortio«, die die Aussagen des II. Vatikanischen Konzils und der Enzyklika »Humanae vitae« verdeutlichen sollen, nachdem er sich nicht mehr irrtümlich wie Paul VI. auf Onan beruft? Denn ist es nicht richtig, daß sich weder bei den Synoptikern noch bei Johannes Hinweise auf den Zweck der Ehe und die Empfängnisverhütung finden und daß auch im Alten Testament zwar in mehreren Büchern Angaben über sexuelle Verhaltensweisen vorkommen, die deutlich von denjenigen der Nachbarn Israels abgegrenzt werden, daß sich hierunter aber keine Aussagen über Empfängnisverhütung finden, obwohl Kontrazeption, zumindestens im alten Ägypten, praktiziert wurde?

2. Ist es nicht richtig, daß die Bewertung der geschlechtlichen Vereinigung bei den Kirchenvätern durch Denkweisen bestimmt wurde, die zum Teil auf nichtchristliche Philosophien zurückgehen:

a. durch die Analogie zwischen tierischer und menschlicher Sexualität, die zu dem Schluß führte, daß der Hauptzweck einer sexuellen Vereinigung die Erhaltung der Art ist – ein Argument, das z. B. auch bei dem Gründer des Opus Dei, Josemaría Escrivá, anklingt, wenn er schreibt: »Die Ehe ist für das Fußvolk und nicht für den Generalstab Christi; Nahrung ist für jeden einzelnen notwendig, Zeugung aber nur, um die Art zu erhalten« –, bzw. durch einen Vergleich mit der Botanik, wie bei Klemens v. Alexandrien, wonach sich der Verheiratete wie der Landmann verhalten solle, dem es nur zur Zeit der Aussaat gestattet sei, Samen auszustreuen, und daß er nach der Zeugung der Kinder seine Gattin nur als Schwester ansehen soll;

b. durch das Unbehagen am Phänomen Lust, die dem Sexualakt immanent ist, so daß dieser nur noch durch eine Zeugung zu rechtfertigen sei?

3. Ist es nicht richtig, daß gerade der große Einfluß des heiligen Augustinus auf die Ehemoral bis zur Enzyklika »Casti connubii« in erheblichem Maße durch seine persönliche Biographie bestimmt war? Wie anders soll man es nämlich deuten, wenn er im 2. Buch seiner Confessiones schreibt: »Nebeldünste stiegen aus dem sumpfigen Gelüst des Fleisches und dem Strudel sich regender Mannbarkeit, und sie verwölkten und verdunkelten mein Herz, daß sich der heiter ruhige Glanz der Liebe nicht mehr unterscheiden ließ von der Finsternis der Wollust. Wer hätte meiner Drangsal ein Maß gesetzt, die flüchtigen Reize niederster Ordnung mir zum Nutzen gewendet und ihren Wonnen ein Ziel gesteckt, daß die Wogen meiner Jugendkraft doch bis zum Gestade der Ehe gebrandet wären? Wenn es volle Ruhe hier nun einmal nicht geben konnte, so doch die Ruhe der befriedenden Absicht, Kinder zu erzeugen, sicut praescribit lex tua, Domine, wie dein Gesetz es vorschreibt, Herr.«

Ich möchte auf diese Fragen nicht im einzelnen eingehen, sondern mich auf Argumente beschränken, die Human- und Naturwissenschaften zur Enzyklika »Humanae vitae« und zu Aussagen von Johannes Paul II. und damit indirekt auch zu Äußerungen der Kirchenlehrer beitragen können.

In »Humanae vitae« wird die These vertreten, daß das einzige innere Ziel des Sexualtriebs darin bestehe, das Dasein des menschlichen Geschlechts und sein Weiterbestehen zu garantieren. Daß Paul VI. die Naturgesetze für seine Argumentation benutzt, geht auch daraus hervor, daß erklärt wird, der Akt trage nur innerhalb ganz bestimmter Gesetzmäßigkeiten zur Weckung neuen Lebens bei. Diese Gesetzmäßigkeiten schüfen von selbst

Abstände in der Aufeinanderfolge der Geburten. Die biologischen Gesetzmäßigkeiten werden ausdrücklich als Schöpfungsplan Gottes bezeichnet.

Hier müßte nun eigentlich eine Verständigung möglich sein, denn wie die Erkenntnisse über die unfruchtbaren Tage der Frau dem Lehramt in »Casti connubii« einen erweiterten Spielraum der Beurteilung der ehelichen Begegnungen ermöglichten, müßten auch andere biologische Erkenntnisse wahrgenommen werden und als Schöpfungsplan Gottes in die ethische Beurteilung eingehen.

Die existentielle Deutung des Sexualtriebs gilt für Paul VI. und für Johannes Paul II. für die ethische Beurteilung des ehelichen Sexualverkehrs als entscheidend, und zwar in dem Sinn, daß sich die Liebe zwischen Mann und Frau in den Grenzen dieser Zielbestimmung entwickeln müsse. Ein absichtlich unfruchtbar gemachter Akt stelle ein »intrinsice inhonestum«, einen an sich unsittlichen Akt dar, wobei die Zeitwahl als naturgegebene Möglichkeit der Empfängnisverhütung nicht mitgemeint sei. Ich kann allerdings nicht verstehen, wie Kardinal Ratzinger noch die Zeitwahl verteidigen will, wenn er in der schon erwähnten Rede vor der Kardinalsversammlung im April 1991 unter Hinweis auf einen neuen Dualismus wörtlich sagte: »Die beiden Bedeutungen des sexuellen Aktes, Vereinigung und Weitergabe des Lebens, werden getrennt. Damit wird die Vereinigung verarmt, während die Fruchtbarkeit dem Bereich der *vernunftgemäßen Berechnung* überlassen wird: ›Gewiß das Kind, aber wann und wie ich es will‹« (1). Johannes Paul II. bekennt sich zwar zu einer personalistischen Auffassung vom Menschen, in der liebende Vereinigung als Zeichen personaler ehelicher Gemeinschaft und eine personal verantwortete Elternschaft unlösbar verbunden sind, ohne Dominanz eines der beiden Ziele, aber das genannte innere Ziel des Sexualtriebs bleibt konstitutiv. In der Empfängnisverhütung würden die beiden in der Ehe notwendig verbundenen Sinngehalte, die der Schöpfergott dem Wesen von Mann und Frau und der Dynamik ihrer sexuellen Vereinigung eingeschrieben habe, nämlich liebende Vereinigung und Fortpflanzung, auseinandergerissen. Damit werde der Plan Gottes der Willkür ausgesetzt.

Hierauf muß entgegnet werden, daß der Sexualtrieb in der Schöpfungsordnung entwicklungsgeschichtlich verfolgt werden kann (9). Dabei erkennt man, daß es nur für einen Teil der Evolution zutrifft, daß der Sexualtrieb ausschließlich dazu da ist, die Fortpflanzung zu gewährleisten. Denn bei höherentwickelten Tieren – in Affenuntersuchungen wurde dies experimentell bewiesen – kommen auch außerhalb des Ovulationstermins gehäuft Kopulationen vor. Es läßt sich also hier eine Komponente des Sexualtriebs erkennen, die z. B. bei jenen Tieren undenkbar ist, bei denen jeweils durch die Kopulation eine Ovulation mit konsekutiver Befruchtung und Erzeugung von Nachkommenschaft provoziert wird. Diese Verhaltensänderung in der Evolution hängt damit zusammen, daß die ursprünglich entscheidenden sexualhormonalen Einflüsse auf den Sexualtrieb immer mehr an Gewicht verloren und Funktionen des Gehirns, nämlich Lernprozesse, immer bedeutungsvoller wurden. Je differenzierter das Gehirn wurde, desto mehr Möglichkeiten ergaben sich, Sexualität zu regeln. Ein gewaltiger Schritt vollzog sich dabei beim Übergang der Primaten zum Menschen. Ein Wandel des Fruchtbarkeitsphänomens läßt sich auch in der Evolution daran erkennen, daß die Häufigkeit der Eiproduktion abnahm, z. B. von 60 Millionen Eiern pro Jahr der Spulwurmweibchen zu ca. 13 potentiell befruchtungsfähigen Eiern der Frau.

Wir haben gesehen, daß beim Menschen das dominierende innere Ziel des Sexualtriebs nicht mehr der Wunsch nach Fortpflanzung ist. Denn unter optimalen Bedingungen ist in dem Zeitabschnitt des Lebens, bei dem der Prozentsatz der Fruchtbarkeit besonders hoch ist und die sexuellen Beziehungen am häufigsten stattfinden, höchstens eine Befruchtung an 5 Tagen des Menstruationszyklus möglich, wobei dann die Wahrscheinlichkeit, ein Kind zu empfangen und zu gebären, nicht über 15% liegt. Die Tatsache, daß der Sexualakt selbst unter optimalen Bedingungen überwiegend zwar zur Erzeugung menschlichen

Lebens, aber nicht zur Erzeugung eines Kindes dient, darf aber nicht zu einer falschen Argumentation hinsichtlich der Abtreibungsproblematik benutzt werden. Denn in jeder Phase des Lebens ist menschliches Leben ein hohes Gut, das geschützt werden muß. So wenig die Tatsache, daß *jeder Mensch* stirbt, eine Rechtfertigung dafür bieten kann, vorzeitig das Leben bei einer bestimmten Indikation gewaltsam zu beenden, bietet die Tatsache, daß die Mehrzahl der befruchteten Eier, also eines menschlichen Lebens im Frühstadium, abstirbt, eine Rechtfertigung für eine gewaltsame Vernichtung.

Die Entwicklung des Gehirns hat es also dem Menschen ermöglicht, Sexualität nicht als reine Instinkthandlung, die der Fortpflanzung dient, auszuüben. Der Mensch kann entweder den Wunsch nach Fortpflanzung liebend gestalten, wobei die Erfüllung des Wunschs wirklich als Geschenk betrachtet werden muß, oder den Sexualtrieb ganz dem Wunsch nach liebender Begegnung unterwerfen. Man kann also den Sexualtrieb existentiell nicht deuten, wenn man nicht berücksichtigt:

1. die Tendenz in der Evolution, daß der Sexualtrieb auch völlig unabhängig von seiner Fortpflanzungsfunktion wirksam sein kann;

2. die Potenzen des Gehirns, die das Individuum zur Person und damit liebesfähig machen.

Dies bedeutet in Weiterführung der Ideen von Johannes Paul II., die er insbesondere in seinen Publikationen in der Krakauer Zeit vertreten hat (10), daß sich in der geschlechtlichen Vereinigung von Mann und Frau zwei Ordnungen begegnen:

1. die Ordnung der Natur, deren Ziele Hilfe für den Partner und Fortpflanzung sind, wobei schon die physiologischen Vorgänge offenbaren, daß der Hauptzweck, Finis primarius, die Hilfe für den Partner ist; erst recht zeigt dies eine personalistische Sicht;

2. die Ordnung der Person, die in ihrer Liebe zum Ausdruck kommt und nach ihrer vollen Verwirklichung strebt.

Der Geschlechtsverkehr hat daher seinen vollen Sinngehalt als Vereinigung von Personen dann, wenn die 2. Ordnung mit einer der beiden Ziele der 1. Ordnung kombiniert ist, wenn also entweder die Möglichkeit, dabei ein Kind zu zeugen, bewußt hingenommen wird oder die gegenseitige Hilfe das einzige Ziel ist, wobei in beiden Fällen jeder Akt der Liebe den Wert der Person anerkennen muß. Liebe kann also auch dann personal gestaltet werden, wenn Empfängnis bewußt ausgeschlossen wird und eine gegenseitige Hilfe das alleinige Ziel ist. Denn es wird eben nicht hierdurch eigenmächtig eine unlösbare Verknüpfung der beiden Sinngehalte des ehelichen Aktes auseinandergerissen, wie es Paul VI. und Johannes Paul II. annahmen, weil eine solche unlösbare Verknüpfung für den einzelnen Akt nicht besteht, wohl aber Ziel jeder dauernden Liebesgemeinschaft, also Ziel der Ehe insgesamt, sein muß.

Bleibt unter dieser Voraussetzung nur die Zeitwahl (als Sympto-Thermal-Methode von mir unter dem Pseudonym Indago erstmals beschrieben [11]) als Methode, die eine Geburtenregelung ermöglicht, wie es Paul VI. und Johannes Paul II. annehmen? Ich habe in verschiedenen Publikationen verdeutlicht, warum die Zeitwahlmethode gerade in einer personalistischen Sicht nicht als natürlich anzusehen ist (12), wenngleich sie, falls sie von beiden Ehepartnern bejaht und ohne emotionale Schwierigkeiten praktiziert werden kann, eine sehr wertvolle Methode der Empfängisverhütung sein kann; denn die Funktionen des Zwischenhirns, das u. a. die Triebe steuert, können emotional modifiziert werden (13, 14). In einer personalistischen Sicht nimmt also die Zeitwahlmethode keine Sonderstellung ein, wohl aber unter dem Aspekt des Fehlens primärer somatischer Schäden.

Die deutschsprachigen Wissenschaftler des Internationalen Colloquium Romanum, das im Anschluß an die Rehabilitierung Galileis durch den Papst 1979 in Rom die Aufgabe hatte, über das Thema »Wer ist der Mensch wirklich?« zu beraten, hatten die eben genannten Überlegungen über die Evolution des Sexualtriebs und die sogenannte Natürlichkeit der Zeitwahlmethode gebilligt und in einer Erklärung zusammengefaßt, die dem Papst persönlich in einer Privataudienz überreicht wurde. Johannes

Paul II. sagte eine gründliche Beschäftigung mit den Thesen, auch im Dialog mit den deutschen Wissenschaftlern, zu; immer noch hoffen wir auf eine Antwort.

Empfängnisverhütung kann im interdisziplinären Dialog gegenüber dem Lehramt als sittlich verantwortbare und wirksame Vorbeugung gegen Abtreibung vertreten werden, unter der Voraussetzung, daß die gewählte Methode der Empfängnisverhütung den Partner seelisch nicht verletzt oder in seiner Liebesfähigkeit beeinträchtigt. Da der Untergang von Spermien an sich ethisch nicht anders bewertet werden dürfte als der monatliche Eitod einer geschlechtsreifen Frau, wobei allerdings zu beachten ist, daß die der absichtlich herbeigeführten Ejakulation immanente Lust möglichst in das Ja zu einem geliebten Du eingebettet sein sollte, da in der Begegnung von Mann und Frau die Lust ein Phänomen ist, das beide Partner bejahen müssen, wenn ihre Begegnung beglückend sein soll, und da das befruchtete Ei als menschliches Leben das Recht auf höchsten Schutz besitzt, ist bei der Methodenfrage der Empfängnisregelung zu klären, ob eine Methode nur die Befruchtung verhindert oder bereits menschliches Leben zerstört, wie dies bei den Nidationshemmern der Fall ist. Die Wahl der Methode wird dann auch von je vorhandenen Nebenwirkungen abhängen. Dies gilt nicht nur für physische Nebenwirkungen, sondern auch für Störungen der Emotionalität. Letztere können neben der Zeitwahlmethode z. B. auch bei der Benutzung von Kondomen auftreten, die bei der Vorbeugung gegen AIDS einen wichtigen, allerdings nur relativen Schutz gewähren. Denn Kondombenutzung kann das sexuelle Leben beeinträchtigen; jedes situative, also auf jeden einzelnen Akt angewandte Verhütungsmittel kann die Gefühlskontrolle beeinträchtigen, weil das stereotype Rollenverständnis verstärkt wird, das dem Mann den verantwortlichen und gefühlskontrollierenden Anteil und der Frau eine Situation zwischen Vertrauen und Angst überläßt.

Es muß in diesem Zusammenhang noch ein Wort über die Nebenwirkungen der hormonalen Kontrazeptiva gesagt werden, da sie in manchen Schriften, die im kirchlichen Raum Verbreitung gefunden haben, in einseitiger Weise dargestellt werden, um ein weiteres Argument für ihre Ablehnung zu finden. Jedes Pharmakon, das wirksam ist, hat potentiell auch Nebenwirkungen. Grundsätzlich müssen bei jeder Therapie und Prophylaxe Indikation und Kontraindikation beachtet werden. Diese Regel gilt im übrigen, wie schon angedeutet, auch für sämtliche Methoden der Familienplanung. Bei kontroverser Literatur müssen nach Möglichkeit nur qualitativ gute Arbeiten für die Urteilsfindung herangezogen werden; es darf keine Auswahl anhand der Schlußfolgerung erfolgen. Ist man nicht in der Lage, eine exakte Bewertung vorzunehmen, muß man in die Güterabwägung und Planung Arbeiten, die schädliche Folgen annehmen, mit einbeziehen, d. h. zum mindesten durch regelmäßige ärztliche Kontrollen mögliche Schädlichkeiten erfassen lassen. Bezüglich der hormonalen Kontrazeptiva gelten also die gleichen Grundsätze wie bei der gesamten Arzneimitteltherapie. Selbstverständlich gehört hierzu auch eine gute Compliance, d. h. die regelmäßige und exakte Einnahme nach Vorschrift; so kann bereits eine Abweichung von 2 bis 3 Stunden bei der Einnahme der Minipille ein Versagen verursachen.

Wie sind nun die oralen und parenteralen hormonalen Kontrazeptiva zu bewerten, die, von der Unterbindung der Eileiter abgesehen, die sichersten Verhütungsmittel darstellen (15, 16)? Sind sie wirklich Nidationshemmer, wie sie von Kardinal Ratzinger kürzlich undifferenziert eingestuft wurden? Die in den hormonalen Kontrazeptiva verwendeten Hormone sind chemische Abkömmlinge der natürlich vorkommenden weiblichen Geschlechtshormone Oestrogene und Gestagene. Schon relativ niedrige Dosen von Oestrogen üben dabei Wirkungen aus, wie man sie sonst nur bei Schwangerschaften beobachtet. In mittleren Dosen üben diese synthetisch hergestellten Hormone eine Hemmwirkung auf die Hormonsekretion des Zwischenhirns und der Hirnanhangdrüse aus und bewirken eine Hemmung der Ovulation. Man unterscheidet verschiedene Hormonpräparate, die, einschließlich der Mikropille, die Ovulation hemmen. Doch können unter der Einnahme von Mikropillen Durchbruchsovulationen auftreten. Nun wird in manchen Veröffentlichungen die Tatsache, daß auch in diesen Fällen keine Schwangerschaft entsteht, auf einen Nidationseffekt des hormonalen Kontrazeptivums bezogen. Damit wird die Mikropille als potentielles Abortivum angesehen. In Wirklichkeit hat aber gar keine Befruchtung stattgefunden. Zwar wirkt das Gestagen auf den Eitransport im Eileiter, auf das Eileitersekret und auf die Schleimhaut der Gebärmutter; aber diese Effekte sind bedeutungslos wegen eines anderen Wirkungsmechanismus. Es kommt nämlich zu einer Strukturumwandlung des Schleims des Gebärmutterhalses, die zur Aufhebung der Penetrationsfähigkeit der Spermien führt; es wird also die Spermienaszension verhindert. Ein analoger Aspekt ergibt sich bei der Minipille. Hier wird die Ovulation nicht gehemmt; aber der genannte Gestageneffekt reicht hier über die genannten Veränderungen des Zervixschleims aus, daß die Spermien nicht mehr schwimmen können und es daher nicht zu einer Befruchtung kommt. Die ungenaue Kenntnis über den Wirkungsmechanismus von Mikro- und Minipille hat im kirchlichen Raum dazu geführt, die hormonalen Kontrazeptiva insgesamt wie den Nidationshemmer, »die Pille danach«, zu bewerten und damit als Abortiva zu verurteilen. Auch in diesem Punkt zeigt sich, wie sich die Verweigerung eines interdisziplinären Dialogs mit Experten durch das Lehramt auswirkt. Bezüglich der noch unbefriedigenden hormonalen Kontrazeption beim Mann hat die gleiche Bewertung wie bei den oralen Kontrazeptiva der Frau zu gelten.

V. Ausblick

Der Verlust von Wertvorstellungen in unserer Zeit, gerade auch im Bereich der Sexualität, ist keine Folge der Entwicklung und Verbreitung der hormonalen Kontrazeptiva. Er ist ein Teil der letzten großen Welle der Französischen Revolution, in der u. a. eine weltweite Emanzipation der Frau stattgefunden hat, die noch nicht in ein Ordnungssystem eingebettet ist. Durch die Zeitgleichheit besteht zwar eine korrelative Beziehung zwischen Wertverlusten im Bereich der Sexualität und Verbreitung der hormonalen Kontrazeptiva. Die irrtümlich hergestellte kausale Beziehung von seiten kirchlicher Kreise hat aber dazu geführt, die Aufmerksamkeit nicht in ausreichendem Maße auf die eigentliche Problematik zu richten, die positiven Aspekte der neuen Freiheit für die Frauen zu fördern und die Irrwege der Sexualität geistig zu bekämpfen (17). Statt dessen wurde mit der Bekämpfung der Kontrazeptiva ein Nebengleis befahren, auf dem der Zug nun steckengeblieben ist.

Wir können also feststellen, daß in einer Zeit, in der die Verantwortung gegenüber dem werdenden Leben immer mehr schwindet und der Wunsch nach Freigabe der Abtreibung zunimmt, auch ein Anruf zu größerer Verantwortung gegenüber der Zeugung erfolgen muß. So, wie die Wissenschaften in Zukunft auf interdisziplinäre Zusammenarbeit angewiesen sind, sollte auch vom Lehramt der Kirche der intradisziplinäre Dialog, im speziellen Fall auch mit den Wissenschaftlern, die »Humanae vitae« nicht bedingungslos bejahen, stärker gepflegt werden. Dabei kann erneut überdacht werden, in welcher Weise die Verantwortung gegenüber der Zeugung realisiert werden kann. Es muß bedacht werden, daß die empfängnisverhütenden Methoden nur die physiologischen Verhältnisse von Schwangerschaft und Spermientod imitieren und daß sich die Zielsetzung prinzipiell nicht von derjenigen der »Natürlichen Familienplanung« unterscheidet. Die scheinbare Gleichsetzung von Abtreibung und Empfängnisverhütung in Aussagen des kirchlichen Lehramtes erschwert zudem all denen den Widerstand gegen die Abtreibung, die in dieser Sache eine christliche Politik durchsetzen wollen.

Es darf bei dieser Analyse keineswegs in Vergessenheit geraten, daß Empfängnisverhütung nicht nur eine wirksame Vorbeugung gegen Abtreibung darstellt, sondern von grundsätzlicher Bedeutung ist, weil sich die Frage nach möglichen Wegen der Empfängnisregelung immer im Rahmen verantworteter

Elternschaft stellen muß, da jedes Paar nach dem II. Vatikanischen Konzil zu dieser Verantwortung verpflichtet ist.

Literatur

1. Herder Korrespondenz 45 (1991) 223–227
2. K. Liebl, Ermittlungsverfahren, Strafverfolgungs- und Sanktionspraxis beim Schwangerschaftsabbruch. (Kriminol. Forschungsberichte aus dem Max-Planck-Institut f. Ausländ. u. Internat. Recht, Bd. 40), Freiburg 1990
3. R. Gatzweiler, in: Dtsch. Ärzteblatt 88 (1991) 957–964
4. Entscheidungen des Bundesverfassungsgerichts 39 (1975) 1–95
5. Staatslexikon der Görresges. 7. Aufl., Bd. IV, 1988, 1102–1114
6. Caritas-Verband, Jahresbericht 1990
7. M. Simon, medwelt 40 (1989) 638–642
8. Ch. E. Boklage, Int. Fert. 35, 2 (1990) 75–94
9. A. W. v. Eiff, Biologische Aspekte zum Naturbegriff speziell im Bereich der Sexualität, in: F. Böckle (Hrsg.), Der umstrittene Naturbegriff, Düsseldorf 1987
10. A. W. v. Eiff, »Amour et Responsabilité« de Karol Wojtyla comme base de discussion sur la régulation des naissances. Une contribution au Synode épiscopal, Rom 1980
11. W. Indago/R. Egenter, Liebe in Gewissensnot, Würzburg 1955; holländ. Ausgabe 1957
12. A. W. v. Eiff, in: Stimmen der Zeit (1982) 507–520
13. A. W. v. Eiff, Grundumsatz und Psyche, Berlin/Göttingen/Heidelberg 1957
14. A. W. v. Eiff, Ethische Aspekte in der Medizin, in: H. H. Hilger (Hrsg.), Der Arztberuf im Wandel der Zeit, Stuttgart/New York 1990
15. L. Lauritzen, Wirkungsspektrum und Pharmakologie der oralen Kontrazeptiva, in: Grundlagen und Klinik der menschlichen Fortpflanzung, Berlin 1988
16. W. Nocke, Niederrhein. Ges. für Natur- und Heilkunde. Sitzung am 12. 12. 1990
17. A. W. v. Eiff, The specific being of man and woman. 17. World Congress of the Fédération Internationale des Associations Médicales Catholiques 1990 (im Druck)

Alfons Auer

Verantwortung für die Zeugung menschlichen Lebens
Eine theologisch-ethische Besinnung

Die Verantwortung für die Zeugung menschlichen Lebens ist durch den deutschen Einigungsvertrag aus dem vergangenen Jahr verschärft zur Diskussion gestellt. Nicht weniger bedeutsam ist freilich die Tatsache, daß die starken Trends zur Privatisierung und Emotionalisierung der Geschlechtsbeziehungen, die durch Aufklärung und Romantik ausgelöst worden sind, sich in den letzten 20 Jahren massiv durchgesetzt und im Bewußtsein wie im Verhalten vieler Menschen zu einer Erosion bisher gültiger Ordnungsgestalten geführt haben; diese Erosion ist in ihren Auswirkungen noch nicht absehbar, und ihre ethische Aufarbeitung kommt nur schleppend voran. Wie immer sich die Formen geschlechtlichen Zusammenlebens der Menschen in unserer Gesellschaft künftighin gestalten mögen, auf jeden Fall muß die Zeugung menschlichen Lebens verantwortet werden – ganz gleich ob sie konkret

in einer als unauflöslich verstandenen *Ehe* oder

in einer auf Dauer angelegten *nichtehelichen Lebensgemeinschaft* oder

in einem freien personal verantworteten oder nicht verantworteten *Liebesverhältnis* oder

ohne jede Bindung aufgrund eines willkürlich oder zufällig vollzogenen Geschlechtsverkehrs zustande kommt.

Verantwortung meint das grundlegende Bewußtsein der Verbindlichkeit, in dem der Mensch den Anspruch, der ihm aus den verschiedenen Bereichen seiner Lebenswirklichkeit entgegenkommt, wahrnimmt und in Freiheit bejaht. Im Folgenden soll Verantwortung für die Zeugung menschlichen Lebens zunächst konkreter vorgestellt werden – ihre Begründung und ihr Gegenstand, die persönlichen Motivationsstrukturen ihrer primären Träger und die erforderlichen sozio-kulturellen Rahmenbedingungen. In einem zweiten Schritt sollen die ethischen Aspekte verantwortlicher Elternschaft im Spannungsfeld kirchlicher Lehräußerungen reflektiert werden.

I. Ethische Aspekte verantworteter Elternschaft

1. Der Grund der Verantwortung

Die Wirklichkeit hat einen Anspruch darauf, vom Menschen sinnvoll gestaltet zu werden. In der Verantwortung treten die ethischen Implikate anthropologischer Grundstrukturen mit dem Anspruch der Verbindlichkeit ins Bewußtsein. Was bedeutet dies für unsere Thematik? Sexualität und mögliche Zeugung sind nicht nur in ein und demselben leiblichen Vollzug äußerlich miteinander verbunden, vielmehr erscheint eben dieser Vollzug als Realsymbol ganzheitlich menschlicher Lebenszusammenhänge. Geschlechtliche Liebe fordert die Partner fundamental und in ihrem personalen Kern ein; sie schließt jeden Vorbehalt aus. Sie kann in Freiheit und ohne Angst nur vollzogen werden, wenn sie auf voller Partnerschaft und entschiedener Exklusivität beruht und in endgültiger Bindung vollzogen wird. Der genuine intentionale Sinngehalt solcher Verbundenheit zielt zunächst auf erfüllte Geborgenheit und kultivierte Weggemeinschaft, enthält aber auch »eine offene Dynamik auf das Kind hin und gewinnt in der Ausweitung der Familie eine anthropologisch und ethisch unverzichtbare neue Dimension«. Die geschlechtliche Liebesgemeinschaft wird damit zugleich zur »originären Stätte gesellschaftlicher Reproduktion und kultureller Einübung der Nachkommenschaft«.[1] Wo also der Mensch in letzter Intimität bei sich selbst und beim Partner ist und wo beide sich gegenseitig annehmen und bestätigen, sind sie zugleich für das übergreifende Ganze des Menschengeschlechts in Dienst genommen. Dies ist

---

[1] P. Mikat, Ethische Strukturen der Ehe in unserer Zeit, Paderborn 1987, 53.

der anthropologische Grund der Verantwortung, von der hier die Rede sein soll.

2. Der Umkreis der Verantwortung

Verantwortung in geschlechtlicher Partnerschaft setzt lange vor der Zeugung eines Kindes ein. Sie beginnt schon in der Phase des Heranwachsens, in der junge Menschen ihre Fähigkeit zur Identität mit sich selbst und zur Kommunikation mit anderen im allgemeinen entwickeln. Sie setzt sich fort in der bewußten Einübung partnerschaftlichen Verhaltens. Pädagogen und Theologen versuchen Orientierungsmodelle bereitzustellen, in denen konkret vorgestellt wird, was der (junge) Mensch auf dem Weg zu reifer *Partnerschaft* an Einstellungen und Haltungen bewußt einüben muß.[2] Man sollte der Einübung in verantwortliche *Elternschaft* noch mehr ausdrückliche Aufmerksamkeit zuwenden. Bei der endgültigen Partnerwahl spielt die Frage nach der Zeugung neuen Lebens jedenfalls in den Fällen eine besondere Rolle, wo genetische Risiken in Kauf genommen werden müssen. Eine sorgfältige genetische Beratung wird bei der Urteilsfindung über die Wahrscheinlichkeit des Eintritts einer Mißbildung oder Krankheit, über deren Art und Schwere, über Möglichkeiten der Therapie sowie über die psychosoziale Situation der Partner wenigstens so weit helfen können, daß eine Entscheidung über eine Eheschließung erleichtert wird. Die Ethiker vertreten heute nicht mehr – wie in den dreißiger Jahren H. Muckermann – die Meinung, daß angesichts genetischer Risiken eine Ehe keinesfalls eingegangen werden darf. In einem solchen Fall erscheint eine Ehe ohne Fortpflanzung ethisch mindestens ebenso vertretbar wie ein Verzicht auf Ehe. Es ist auch durchaus denkbar, »daß in Einzelfällen zwei Partner trotz eines vorliegenden genetischen Risikos ethisch respektable und

---

[2] Vgl. A. Auer, Zeitlose Ordnung oder verantwortliche Gestaltung. Zur ethischen Diskussion über Sexualität und Ehe, in: Öffnung zum Heute. Die Kirche nach dem Konzil, hrsg. von U. Struppe und J. Weismayer, Innsbruck – Wien 1981, 77–108, hier 101–108 (mit Lit.).

tolerierbare Gründe geltend machen, gegebenenfalls eine schwere Belastung für sich selbst und ihre Nachkommenschaft verantwortlich zu übernehmen«.[3]

Zur Verantwortung für die Zeugung menschlichen Lebens gehört auf jeden Fall die *Familienplanung*. Deren Berechtigung und Verpflichtung sind heute nicht nur in unserer offenen Gesellschaft allgemein anerkannt. Auch die beiden großen Kirchen in Deutschland haben zusammen mit 13 anderen christlichen Gemeinschaften in ihrer gemeinsamen Erklärung »Gott ist ein Freund des Lebens« vom 30. November 1989 gefordert, daß »Familienplanung partnerschaftlich geschehen muß und daß sie keinen der beiden Partner einseitig belasten oder in seiner Liebesfähigkeit beeinträchtigen darf. Zu achten ist auf das Wohl eines zu erwartenden Kindes, auf das eigene Wohl der Partner, ihre geistig-seelischen Kräfte wie ihre materiellen Möglichkeiten, auf das Wohl bereits geborener Kinder, der gesamten Familie wie auch der Gesellschaft. Besonders die Frau muß geschützt werden vor der Überbelastung durch zu schnelle Geburtenfolge, (vor) dem Eintreten der Schwangerschaften in zu frühem oder zu spätem Alter und (vor) eindeutigen Konfliktschwangerschaften.«[4]

Wenn die Verantwortung – mit Kant gesprochen: „die Fähigkeit zur Moralität" – für die Würde des Menschen letztlich konstitutiv ist, dann muß der Mensch für die Folgen seines Handelns einstehen, d. h. er muß sowohl die von ihm nicht gezeugten als auch die von ihm gezeugten Kinder voll verantworten. Diese Verantwortung bleibt indispensabel bestehen, auch wenn er sie bei der Zeugung eines Kindes durch Nachlässigkeit oder bewußt unbekümmerte Passivität versäumt hat. Die Verantwortung für die Zeugung menschlichen Lebens tritt verschärft hervor, seitdem es einen wachsenden Konsens von Wissenschaftlern verschiedener Fachrichtungen gibt, daß auch

---

[3] A. Auer, Die ethische Problematik genetischer und pränataler Diagnostik, in: Religionsunterricht an höheren Schulen 30 (1987) 1–6, hier 3.

[4] Gott ist ein Freund des Lebens. Herausforderungen und Aufgaben zum Schutz des Lebens, Trier 1989, 78.

die frühen Entwicklungsformen menschlicher Subjekte – weil sie zwar noch potentiell, aber doch definitiv auf Subjektivität ausgerichtetes Leben sind und nichts anderes mehr werden können, wenn sie nicht daran gehindert werden – nicht allein aus sich selbst, sondern von der späteren Entfaltungsform des Subjekts her ihren moralischen Status erhalten. Es muß als semantische Irreführung bezeichnet werden, wenn von Schwangerschaftsabbruch als »nachsteuernder Geburtenkontrolle« gesprochen wird.[5] Deswegen stößt hier auch das Selbstbestimmungsrecht der Frau auf eine ethisch unüberschreitbare Grenze.

In den Bereich der Verantwortung für die Zeugung menschlichen Lebens gehört – dies muß wenigstens ausdrücklich erwähnt werden – aus dem Umkreis der Reproduktionstechnologien auch die *In-vitro-Fertilisation mit Embryonentransfer.* Trotz gegensätzlicher Beurteilung durch die »Instruktion der Kongregation für die Glaubenslehre über die Achtung vor dem beginnenden menschlichen Leben und die Würde der Fortpflanzung« (1987) wird man die extrakorporale Befruchtung nicht unbedingt verwerfen können, wenn sie die einzige Möglichkeit ist, einem Ehepaar seinen Kinderwunsch zu erfüllen, wenn dieser Kinderwunsch ein sittlich legitimer ist,[6] wenn es sich um eine homologe Befruchtung handelt und wenn alle befruchteten Eizellen implantiert werden. Dies gilt vor allem von der Technik des »intratubaren Gametentransfers« (GIFT).

---

[5] R. Petersen, Schwangerschaftsabbruch – unser Bewußtsein vom Tod im Leben. Tiefenpsychologische und anthropologische Aspekte der Verarbeitung, Stuttgart 1986, 96.

[6] Vgl. E. Schockenhoff, Im Laboratorium der Schöpfung. Gentechnologie, Fortpflanzungsbiologie und Menschenwürde, Stuttgart 1991, 36 f, berichtet von der 17jährigen an Leukämie erkrankten Anissa Alaya aus Kalifornien, die nur durch Knochenmarksübertragung geheilt werden konnte. Da der jüngere Bruder dafür nicht geeignet war, empfahlen die Ärzte die Zeugung eines weiteren Kindes. Obwohl die Eltern eigentlich keines mehr wollten, gingen sie auf den Vorschlag der Ärzte ein und hatten Glück. Verf. fragt: »Darf man ein Kind zeugen, das man nicht um seiner selbst willen wünscht, sondern nur als Lebensretter braucht? Dürfen Ärzte ein Kind als therapeutisches Mittel verschreiben, das man im Fall seiner Nichteignung gegen ein anderes austauscht?« Mancher wird diese Position allzu rigid finden; man wird wohl auch eine weiter greifende Auslegung der Motivation gelten lassen.

Es soll nicht verschwiegen werden, daß eine *verantwortliche Urteilsbildung* über ein den Verhältnissen der Partner optimal entsprechendes Konzept der Familienplanung, also über Zahl und zeitliche Folge der Geburten, recht schwierig ist. Es gibt da nämlich keine einfachen »Schlußfolgerungen«, weder aus der Menschenwürde noch aus der moralischen Konsistenz der Partnerschaft und ihrer materiellen und geistigen Leistungsfähigkeit, noch aus den Desideraten gesellschaftlicher Reproduktion, noch aus dem biblischen Geheiß »Wachset und mehret euch und erfüllet die Erde«, noch aus Augustins Zielvorgabe vom »implendus numerus electorum« (Auffüllung der Zahl der Auserwählten). Die Eheleute müssen vielmehr miteinander in selbstloser Geduld die genannten Kriterien der Familienplanung mit einer für sie erstrebenswerten partnerschaftlichen Gesamtlebensgestalt »vermitteln« (W. Kluxen). Sie müssen über eine solche Zielvorstellung schon von Anfang an einen Konsens anstreben, aber auch für alle Zukunft bereit bleiben, diese Zielvorstellung aufgrund ihrer lebensgeschichtlichen Entwicklung immer wieder zu überprüfen und vielleicht auch nach unten oder oben zu korrigieren. Die Erfahrung weist im übrigen aus, daß es der unvorhersehbaren Widerfahrnisse genug gibt, die bei verantwortlichen Paaren trotz allen Willens zur Familienplanung eine totale Verrechenbarkeit ihrer Zeugungsbereitschaft nicht aufkommen lassen.

3. Träger der Verantwortung

(a) Die Partner – ihre Motivationsstruktur. – Der Prozeß der Privatisierung und Emotionalisierung der Geschlechtsbeziehungen, von dem eingangs die Rede war, transferiert nicht nur Elemente der Erosion und der Destruktion, sondern auch der Humanisierung. Der Wille zur Selbstbestimmung artet zwar vielfach in Willkür und Beliebigkeit aus, aber er weckt und stärkt zugleich auch jene Tendenzen, die auf verantwortlich gestaltetes menschliches Zusammenleben hinzielen. Es wird viel davon abhängen, daß Gesellschaft, Staat und Kirche sich nicht auf die

Negativitäten fixieren, sondern auf die humane Vernunft setzen, die sich in der Vorstellung der Partnerschaft, in der gestärkten Stellung der Frau und des Kindes, in den Versuchen bewußter erotischer und sexueller Kultur – insgesamt also in dem Bemühen des Menschen anmeldet, auch als Geschlechtswesen wirkliches Subjekt seiner zwischenmenschlichen Beziehungen zu werden. Es ist alles andere als ein Unglück, daß der Mensch die Eigenwertigkeit des Geschlechtlichen entdeckt und nun zunächst auf eine gewisse Entkoppelung von Sexualität und Elternschaft drängt. Es muß der Dynamik auf das Kind hin nicht zuwider sein, es kann ihr sogar sehr zugute kommen, wenn die Partner auch innerhalb der Ehe für sich Räume aufbauen und gestalten wollen, in denen sie der Entfaltung der Gattenbeziehung eine zeitweise Priorität gegenüber den sozialethischen Anforderungen zumessen. Verantwortete Elternschaft verdankt sich von ihrem Wesen her nicht gesetzlichen Regelungen und kasuistischen Zugeständnissen, sondern der freien und gemeinsamen inneren Bindung an den erkannten und bejahten Lebenssinn einer bestimmten konkreten Lebensgemeinschaft.

Die persönliche Motivationsstruktur geschlechtlicher Gemeinschaften sollte immer weniger durch Angst als durch freiheitliche Liebe zum Leben geprägt sein. Solidarität gedeiht aber heute am besten auf dem Fundament der Selbstbestimmung. Auch die Frau hat einen Anspruch auf persönliche Lebensgestaltung. E. Michel hat schon vor bald 50 Jahren geschrieben: Die Frau »muß nicht einfach Kinder haben ..., so oft der Geschlechtstrieb des Mannes es mit sich bringt, sondern nur dann, wenn ihr Verantwortungsbewußtsein dies zuläßt und sie äußerlich und innerlich dazu bereit ist«.[7] Der Mann aber muß die Selbstbestimmung der Frau respektieren, er muß Empfängnisregelung und Schwangerschaft in gleicher Weise mitverantworten und darf sich vor allem im Konfliktfall nicht entziehen. Was früher »der alte Familiengeist – Tradition, Glaube, Ver-

---

[7] E. Michel, Ehe. Eine Anthropologie der Geschlechtsgemeinschaft, Stuttgart 1948, 192.

trauen, selbstverständliches Einstehen füreinander«[8] – zu bewirken vermochte, wird auch heute möglich und überdies auch notwendig sein, weil es ein Leben ohne schwere Konflikte nun einmal nicht gibt.

(b) Gesellschaft und Staat – ihre Prioritäten. – Die Verantwortung für die Zeugung menschlichen Lebens liegt nicht nur bei den einzelnen Paaren, sondern auch bei allen Verantwortungsträgern der gesellschaftlichen Wirklichkeit: bei Gesellschaft, Staat und Kirche. Der *Staat* kann im allgemeinen die Einlösung sozialer Notwendigkeiten, etwa im Bereich der Verteidigung oder der Rechtsordnung, nicht dem freien Spiel der Kräfte überlassen, sondern muß sie mit Sanktionen erzwingen. Auch die Fortpflanzung gehört zu den fundamentalen gesellschaftlichen Notwendigkeiten. Aber die Fortpflanzung kann der Staat nicht erzwingen, er muß sie – und zwar nicht nur für Träger heroischer Tugendgrade – ermöglichen und dazu ermuntern. Er muß die persönlichen Motivationsstrukturen abstützen und fördern, indem er ein tragfähiges Netz gesellschaftlicher Solidarität knüpft und so der Option für das Leben ein Fundament bereitstellt. In seiner Erklärung vom 19. April 1991 hat das Zentralkomitee der deutschen Katholiken die familien- und sozialpolitischen Rahmenbedingungen für das Leben aufgezählt und ihre nachhaltige Verbesserung gefordert:

»Erziehungsgeld und Erziehungsurlaub mit Beschäftigungsgarantie,
bedarfsgerechte und flächendeckende Angebote für unterschiedliche Kinderbetreuungsmöglichkeiten und die Gewährung eines Rechtsanspruchs auf Kindergartenplätze,
Hilfen zur Vermittlung von mehr Teilzeitarbeitsplätzen ... wie zur Vermittlung geeigneter Wohnungen,
die Wohnungsversorgung einschließlich der Wohngeldgewährung für Frauen, Alleinstehende und Familien in Notsituationen,
Ausbau der Müttergenesung, der Familienpflege, der Hilfe für Alleinerziehende sowie
die Ausschöpfung der Möglichkeiten, die das Adoptionsrecht eröffnet ...«

[8] A. a. O., 194.

All das sind Forderungen der Gerechtigkeit und der Solidarität und unabdingbare Voraussetzungen für eine kinderfreundliche Gesellschaft. Ihnen ist für den gesamten politischen und rechtlichen Bereich schlechthinnige Priorität zuzusprechen. Niemand sollte freilich so tun, als wäre Entscheidendes nicht wenigstens schon auf den Weg gebracht. Vieles bleibt noch zu tun. Es wäre freilich eine verhängnisvolle Entwicklung, wenn Sozial- und Familienpolitik nur für Erwerbstätige materielle Prämien bereitstellen würden; Hausfrau- und Muttersein muß eine echte, auch sozial- und familienpolitisch anerkannte berufliche Alternative bleiben.

Staatliche Verantwortung für die Zeugung menschlichen Lebens kann freilich von strafrechtlichen Sanktionen nicht absehen, auch wenn deren Effektivität nicht sehr hoch eingestuft werden kann. Das Strafrecht stellt sicherlich die Ultima ratio dar, aber eben doch auch »ratio«:

Ohne die Signalwirkung strafrechtlicher Sanktionen schwindet bei vielen einzelnen und in der Öffentlichkeit das Bewußtsein vom Unrechtscharakter jeder Tötung werdenden Lebens.

Ohne strafrechtliche Sanktionen löst sich die »innere Kohärenz des Rechtssystems« auf.[9] Man kann nicht jede Körperverletzung und Experimente mit Embryonen sanktionieren, den Schwangerschaftsabbruch aber des strafrechtlichen Schutzes völlig entblößen.

Das Grundrecht der Selbstbestimmung der Frau findet am konkurrierenden Lebensrecht des Kindes seine Grenze. Noch steht die Bewertung aus der Urteilsbegründung des BVerfG nicht nur der Aufhebung jeder Strafsanktion, sondern jeder Form der Fristenlösung im Wege: »Der Lebensschutz der Leibesfrucht genießt grundsätzlich für die ganze Dauer der Schwangerschaft Vorrang vor dem Selbstbestimmungsrecht der Schwangeren und darf nicht für eine bestimmte Frist infrage gestellt werden.«

(c) Die Kirchen. – Die Verantwortung der Kirchen wird im zweiten Teil dieses Referats, allerdings nur für die katholische Kirche und vorwiegend im Zusammenhang mit der Empfängnisregelung, ausdrücklich behandelt. Zum Abschluß des ersten Teils sei aber ausdrücklich darauf hingewiesen, daß sich die

---

[9] Vgl. E. Schockenhoff, Der Schutz des werdenden Lebens aus theologisch-ethischer Sicht (ungedr. Manuskript), 11.

christlichen Kirchen in den letzten Jahren mit beachtlichem und immer noch zunehmendem Engagement ihrer spezifischen Verantwortung für die Zeugung menschlichen Lebens bewußt werden. Die Frauen in den Beratungsstellen verdienen hohe Anerkennung, obwohl ihr Dienst von höchsten kirchlichen Stellen immer wieder verdächtigt wird. (Daß »die Einbindung der kirchlichen Beratungsstellen in das System der staatlichen Abtreibungsregelung« [R. Spaemann] schwere Probleme aufweist, ist nicht zu bestreiten. Sie gehören aber zum zweiten Themenkomplex dieser Tagung. Hier sei nur angemerkt, daß weder permissiver Laxismus noch starrer Rigorismus den richtigen Weg weisen können.) Außer der kirchlichen Beratung tragen sicherlich auch die von den Kirchen vor Ort angebotenen materiellen Hilfen dazu bei, daß vielen Frauen die Option für das Leben erleichtert wird. Man muß es dankbar feststellen: Von seiten der Kirchen wird heute mehr als früher Angst abgebaut und die persönliche Bereitschaft vieler Paare zur Übernahme von Verantwortung im Dienst am Leben gefördert.

II. Die ethischen Aspekte im Spannungsfeld der kirchlichen Doktrin

1. Bemerkungen zur gegenwärtigen Diskussion

Die Verantwortung für die Zeugung neuen Lebens wird nun freilich katholischen Paaren durch die kirchliche Lehre von der Empfängnisverhütung immer noch erschwert. Umstritten ist nicht deren Dringlichkeit, umstritten sind nur die dabei verwendeten Methoden. Niemand bestreitet, daß den sog. »natürlichen« Methoden die Priorität einzuräumen ist. Das brauchen sich die Eheleute im übrigen von zölibatären Theologen und Kirchenmännern gar nicht sagen zu lassen; sie wissen aus Erfahrung, welche Einschränkungen jede andere Form geschlechtlicher Gemeinschaft mit sich bringt. Aber auch die »natürlichen« Methoden sind davon nicht frei und sind außerdem für viele Frauen nicht anwendbar. Gynäkologen halten jede generelle Fixierung auf eine einzige Methode für indiskutabel.

Was aber besonders aufhorchen läßt, sind die Untertöne, die in wichtigen Äußerungen aus dem Zentrum des kirchlichen Lehramts vernehmbar sind. Es muß gestattet sein, daß dem brillantesten der dort tätigen Theologen im folgenden besondere Aufmerksamkeit gewidmet wird; daß dabei auch an Äußerungen erinnert wird, die er während seiner Zugehörigkeit zum wissenschaftlichen Lehramt getan hat, versteht sich von selbst, auch wenn die fundamental-theologischen Fragen über die Beziehung zwischen wissenschaftlichem und kirchlichem Lehramt hier nicht diskutiert werden können. Was nun zunächst die »Untertöne« lehramtlicher Äußerungen betrifft, ist zu sagen, daß hier zumeist die ganze neuzeitliche Freiheitsgeschichte mit einem negativen Vorzeichen versehen wird. Die Konkretisierung auf unsere Thematik hin ist neuerdings in der Rede von Kardinal Ratzinger anläßlich der jüngsten Vollversammlung der Kardinäle vom 4.–7. April 1991 über heutige Bedrohungen des Lebens auf den Punkt gebracht worden. Die westliche Kultur scheint für ihn gekennzeichnet durch Individualismus, Materialismus, Utilitarismus und die Ideologie des Vergnügens; neue Technologien tragen dazu bei, daß Sexualität entpersönlicht und mißbraucht wird: »Sie erscheint lediglich als Gelegenheit zum Vergnügen und nicht mehr als Verwirklichung der Hingabe seiner selbst«, in der sich der Mensch auch der Weitergabe des Lebens öffnet. Die Aussage gipfelt in dem Satz, daß der Dualismus zwischen technischer Vernunft und einem zum Objekt gewordenen Körper »dem Menschen die Flucht aus dem Geheimnis des Seins gestattet«.[10] Dazu soll ein Dreifaches bemerkt werden:

Wenn es eine »Flucht aus dem Geheimnis des Seins« gibt, ist sie auch mit den Methoden der natürlichen Familienplanung möglich.

Von einer möglichen »Flucht aus dem Geheimnis des Seins« sollte die Theologie nicht sprechen, ohne genau zu sagen, was damit gemeint ist. Heutige Wissenschaft stellt fest: Die männlichen Spermien haben nicht die »Qualität von Samen« im herkömmlichen Verständnis. Diese Qualität kommt erst der

10 Vgl. Herder Korrespondenz 45 (1991) 223–227, hier 226.

befruchteten Eizelle zu. »Nur sie vermag in ihrem Substrat, der Uterusschleimhaut, aus sich heraus neues Leben hervorzubringen. Die Behinderung des Zugangs des Spermas zu einer befruchtungsfähigen Eizelle, gleich mit welcher Methode, kann daher nie eine ›Empfängnisverhütung‹ im Sinne des scholastischen Naturrechts sein, denn die Frau empfängt weder ein vorgeprägtes Kind noch Samen mit der Potenz, aus sich heraus Leben hervorzubringen, sie nimmt lediglich Sperma auf... (Darum ist auch) der Geschlechtsakt... kein Zeugungsakt, denn die eigentliche Zeugung oder Befruchtung findet immer, falls die Voraussetzungen dafür gegeben sind, erst Stunden später statt, unbemerkt und unabhängig vom Zeitpunkt des Geschlechtsaktes.«[11]

Kein gläubiger Christ bestreitet, daß aller Dienst am Leben der Verheißung des göttlichen Schöpfungssegens zugeordnet bleibt. Aber das kann doch nicht heißen, daß hier alles dem Zufall überlassen werden darf und daß man diesen religiös sogar schlechthin als »Walten der Vorsehung« deutet. E. Michel hat in seinem immer noch lesenswerten Ehebuch gesagt: Eine solche Einstellung »erweist sich fast allgemein als ein ›Gehenlassen wie es kommt‹ aus geheimer Angst vor jenem ›göttlichen Walten‹ und keineswegs als ein gläubiges Vertrauen. Denn gläubiges Vertrauen verantwortet auch die Segensmöglichkeit, die in den Kindern gewährt wird, steht in der Frage der Zeugung und Empfängnis in *antwortender* Haltung, nicht in religiös getarnter Naturhörigkeit.«[12]

Bei aller Sorge um destruktive Tendenzen im Bereich des Geschlechtsverhaltens wird man sich doch vor dem pauschalen Urteil hüten müssen, daß auch nur der durchschnittliche Mensch und Christ einem entwürdigenden Hedonismus verfallen sei. Die Laien werden sich durch ein solches Verdikt ebenso wenig betroffen fühlen wie die Fachkollegen von der vor einigen Jahren schon geäußerten Meinung des Kardinals, daß sich dem die herrschende Kultur prägenden Permissivismus »zuletzt als einflußreiche Gefolgsleute auch nicht wenige ›katholische‹ Moraltheologen angeschlossen haben«.[13] – Nun sollen aber zur Klärung der Sache selbst einige historische Hinweise gegeben werden. Die Auffassung des ehemaligen Theologieprofessors J. Ratzinger soll dabei besonders gewürdigt werden.

[11] Vgl. F. J. Liemann, Wo sich das Wirken Gottes dem Nachweis entzieht. Die »Empfängnisregelung« als Scheinproblem der Kirche, in: Frankfurter Allgemeine Zeitung vom 12. 4. 1991, Nr. 85, 9.
[12] E. Michel, Ehe, 189.
[13] Vgl. J. Ratzinger, Zur Lage des Glaubens. Ein Gespräch mit Vittorio Messori, München 1985, 83.

2. Einblicke in die Begründungsgeschichte der kirchlichen Position

(a) Die stoische Erblast und der theologische Durchbruch im Verständnis der Ehe vor dem II. Vaticanum. – Die Bedeutung der stoischen Ethik für die christliche Moral ist zu Recht oft gewürdigt worden. In der christlichen Ehemoral freilich hat die Rezeption stoischer Interpretamente sehr problematische Wirkungen hervorgebracht. Zunächst wurde in der Stoa die Ehe vor allem in generativer Bedeutung gesehen: *Der Mensch als Gattungswesen* steht im Dienst der Fortpflanzung des Genus humanum. Eheliche Sexualität erscheint also zunächst nicht als Medium der Entfaltung geglückter Identität und Kommunikation, sondern als Mittel der Zeugung. Hier gründet der alte Grundsatz katholischer Ehemoral: Die Erzeugung von Nachkommenschaft ist der erste Zweck der Ehe. Als zweites Interpretament kommt hinzu, daß in der göttlich durchwirkten Natur dem Menschen die Gesetze seines Handelns vorgegeben sind: Er muß »*naturgemäß (kata physin)*« handeln. In Verbindung mit dem ersten Aspekt bedeutet dies, daß der Mensch keinesfalls in die natürlichen Strukturen und Abläufe eingreifen darf und daß jeder einzelne geschlechtliche Akt in der Ehe »auf Zeugung hin offen« sein muß. Dies waren durch die Jahrhunderte hindurch die beiden fundamentalen Sätze der katholischen Ehemoral.

Gegen Ende des 19. Jahrhunderts haben drei in Tübingen lehrende bzw. von dort stammende Moraltheologen die herkömmliche Ehezwecklehre erstmals in Frage gestellt: F. X. Linsenmann, A. Koch und F. Probst. In den dreißiger und vierziger Jahren unseres Jahrhunderts haben sich vor allem E. Michel und H. Doms große Verdienste erworben. Die Auffassung von H. Doms über »Sinn und Zweck der Ehe« (Breslau 1935) setzte sich weithin durch, wurde aber kirchlicherseits zurückgewiesen und in den ersten Entwürfen zum II. Vaticanum nochmals ausdrücklich verworfen: Man hielt an der Zeugung als dem ersten Ehezweck fest. Immerhin trafen sich in der zweiten Hälfte der fünfziger Jahre kleine Gruppen von Moraltheologen zu vertraulichen Gesprächen – eine Handvoll in der Wohnung des jungen Assistenten J. Gründel in Fürstenfeldbruck, später ein gutes Dutzend im Bensberg bei Köln, schließlich – nunmehr in internationaler Zusammensetzung – gute zwanzig in Amsterdam. Aber den Durchbruch zu einer neuen Ehetheologie brachte erst die von Johannes XXIII. berufene und von Paul VI. auf 60 Mitglieder erweiterte Spezialkommission für das Studium der Bevölkerungsprobleme, der Familie und der Geburtenhäufigkeit (wie sie offiziell hieß; im katholischen Volksmund »Pillenkommission« genannt).

(b) Konziliare Rezeptionsprobleme im Hinblick auf die neue Ehetheologie. – Die wesentlichen Inhalte der neuen Ehetheologie sind in den Artikeln 48–52 der Pastoralkonstitution »Gaudium et Spes« des II. Vaticanums voll rezipiert. Dies gilt zunächst von den *anthropologischen Grundaussagen:*

> Von einer hierarchischen Über- bzw. Unterordnung der Eheziele ist hier mit keinem Wort mehr die Rede. Liebende Vereinigung und Fruchtbarkeit sind zu einer Einheit verschmolzen. »Die innigste Gemeinschaft des Lebens und der Liebe in der Ehe« (Art. 48 f.) sind der Fruchtbarkeit (Art. 50 f.) vorangestellt.
>
> Überwunden ist auch die in der Tradition weitverbreitete einseitig physiologische Betrachtung der ehelichen Gemeinschaft. Menschliche Geschlechtlichkeit gewinnt ihre spezifische Bestimmtheit durch ihre Einordnung in das Gesamtgefüge der Person und deren Bindung an den Partner. Eheliche Liebe wird als vollmenschliche, personale und ganzheitliche Liebe beschrieben.

Über die anthropologische Grundbestimmung der Ehe hinaus tut das Konzil einen wichtigen *grundsätzlichen Schritt in eine neue Ehemoral.* Es plädiert für verantwortete Elternschaft und weist dabei die Entscheidung über die Zahl der Kinder ausschließlich den Eheleuten zu. Dabei geht es über alle früheren Aussagen hinaus, indem es eine Kriteriologie für die verantwortete Elternschaft vorlegt:

> Die Kriterien, an die sich die Eltern bei ihren Beratungen und Entscheidungen halten müssen, sind ihr eigenes Wohl wie das ihrer Kinder – der schon geborenen oder zu erwartenden –, die materiellen und geistigen Verhältnisse der Zeit und des Lebens und schließlich auch das Wohl der Gesamtfamilie, der weltlichen Gesellschaft und der Kirche. (Art. 50)

Der Konzilstheologe J. Ratzinger bewertet die Rezeption der neuen Ehetheologie durch das Konzil entschieden positiv. In seinem Buch »Die letzte Sitzungsperiode des Konzils« schreibt er, das Konzil habe sich für eine neue Bewertung der Ehe als Liebesgemeinschaft entschieden und sich damit vom naturalistischen Erbe der Stoa abgewandt. Es habe die beiden aus dem stoischen Erbe stammenden Kategorien, die für die kirchliche und theologische Tradition bestimmend gewesen seien, abgestoßen: die Kategorie des »Zwecks« im Kontext des Menschen als Gattungswesen und die Kategorie des »secundum naturam« als Letztinstanz: »Weder die Redeweise vom Erstzweck der Kindererzeugung noch diejenige vom ehelichen Ethos ›gemäß der Natur‹ taucht (in der Pastoralkonstitution) auf. In dieser mit großer Mühe erstrittenen (sic!) Eliminierung der antiken Deutungskategorien (sic!) zeichnet sich wohl die durchgreifende Wende des ethischen Ansatzes gegenüber der bisherigen moraltheologischen Tradition mit besonderer Deutlichkeit ab. Der generativen Betrachtung tritt eine personale entgegen.«[14]

Der eben skizzierte Begründungszusammenhang der neuen Ehetheologie kam nun freilich im *konkret-normativen Bereich* nicht zum Tragen. Unbestimmte Angst oder auch die Besorgtheit, die bisherige Position des Lehramts könnte ausgehöhlt werden und die Entwicklung aus dem Ruder laufen, vielleicht auch der massive Gewöhnungseffekt im Hinblick auf eine einseitig retrospektive zuungunsten einer auch prospektiven Auslegung der Tradition versperrten dem Konzil den Weg ins Freie. Das Mehrheitsgutachten der Päpstlichen Spezialkommission hatte den Weg gewiesen, wie man die neue Ehetheologie im Bereich der verantworteten Elternschaft normativ konkretisieren kann. Bezüglich der Wahl unter den heute zur Verfügung stehenden Mitteln zur Empfängnisregelung heißt es in diesem Gutachten:

»*Erstens:* Die gegenseitige Hingabe und die menschliche Fortpflanzung müssen Ausdruck echter personaler Liebe sein.

[14] J. Ratzinger, Die letzte Sitzungsperiode des Konzils, Köln 1966, 50–53.

Zweitens: Die gewählten Mittel müssen eine Wirksamkeit besitzen, die dem Maß des Rechtes und der Notwendigkeit angepaßt ist, nach dem eine weitere Empfängnis zeitweise oder dauernd abgewendet werden soll.

Drittens: Wo die Wahl zwischen mehreren Mitteln besteht, soll dasjenige gewählt werden, welches das geringstmögliche negative Element in sich enthält und die gegenseitige Liebe passend und hinreichend zum Ausdruck bringt.

Viertens hängt schließlich »bei der Auswahl unter den Mitteln viel davon ab, welche Mittel in einer bestimmten Gegend oder zu einer bestimmten Zeit oder für ein bestimmtes Paar verfügbar sein mögen; und dies mag auch von der wirtschaftlichen Situation bestimmt sein.«[15]

Diesen Schritt seiner Kommission vermochte Papst Paul VI. nicht mitzuvollziehen. Wenige Tage vor der für den 7. Dezember 1965 vorgesehenen Verabschiedung der Pastoralkonstitution ließ der Papst telegrafisch einige Mitglieder seiner Spezialkommission nach Rom rufen. Es gelang ihnen, zusammen mit der Mixta Commissio, die für die Endredaktion von »Gaudium et Spes« verantwortlich war, konsensfähige Formeln zu finden. Aber in der Frühe des folgenden Tages lagen dem Konzilsekretariat 4 modi (Abänderungsvorschläge) des Papstes vor. Sie hatten ultimativen Charakter: Wenn sie in der Konzilsaula nicht angenommen würden, sollte die Pastoralkonstitution nicht verabschiedet werden. Das Konzil beugte sich im letzten Augenblick dem Willen des Papstes und beschloß, daß es »den Kindern der Kirche nicht erlaubt (ist), in der Geburtenregelung Wege zu beschreiten, die das Lehramt in Auslegung des göttlichen Gesetzes verwirft« (Art. 51).

Uns interessiert in diesem Zusammenhang nicht die Entscheidung des Papstes. Niemand wird ihm das Recht verwehren, sich nach seinem Gewissen zu entscheiden. Uns interessiert vielmehr das Urteil des Konzilskommentators J. Ratzinger. Er bleibt nach wie vor bei seiner Überzeugung und sagt, auch der Rekurs des Konzils auf das kirchliche Lehramt könne nicht bewirken, daß »trotz der neuen Worte in der Sache alles beim alten bleibe«. Er bringt dafür zwei Argumente: Erstens – sagt er –, »ist es doch etwas anderes, ob die gesamte ethische Aussage um die Idee der Gattung bzw. ihrer Fortpflanzung und um den Gedanken des

---

[15] In: Herder Korrespondenz 21 (1967) 427.

Naturgemäßen kreist, oder ob sie in Gewissen, Wort Gottes und Verantwortlichkeit vor den eigenen Kindern, dem anderen Gatten und der mitmenschlichen Gemeinschaft ihre Brennpunkte findet«. Und, zweitens, ist »die Weise, wie das Gewissen in Funktion treten kann, die gesamte Atmosphäre der ethischen Entscheidung und des ethischen Auftrags, ... in beiden (Positionen) wesentlich verschieden«.[16]

Genau dies war die Auffassung der Mehrheit der Päpstlichen Spezialkommission; es war auch genau die Auffassung, die später in der »Königsteiner Erklärung der Deutschen Bischöfe« niedergelegt wurde. In »Humanae vitae« und in »Familiaris consortio« wurde freilich die herkömmliche Auffassung des kirchlichen Lehramts wieder nachdrücklich unterstrichen.[17]

Davon und von vielem anderen kann hier nicht mehr die Rede sein. Es soll *zusammenfassend* gesagt werden: *Erstens,* man wird aufgrund geschichtlicher Erfahrungen davon ausgehen können, daß das Lehramt in dieser Frage noch nicht das letzte Wort gesprochen hat. Die Moraltheologie kann unbefangener als das kirchliche Lehramt aus der Vergangenheit lernen; sie hat selbst sich gelegentlich jahrhundertelang über Positionen verheddert, die später »aus dem Leib der Moral herausgeschnitten wurden, ohne daß ein Tropfen Blut nachgeflossen ist« (F. X. Linsenmann). Zahlreiche Stellungnahmen von Gynäkologen und Wissenschaftlern anderer Fachrichtungen lassen befürchten, daß wir es mit einem neuen Fall Galilei zu tun haben. Damit soll

<hr>

[16] J. Ratzinger, Die letzte Sitzungsperiode des Konzils 52 f. In einer späteren Auslegung (LThK, Konzilsband III, 328 f.) wird er noch deutlicher. Im Anschluß an J. H. Newman, für den das Gewissen, wie J. Ratzinger sagt, »die innere Ergänzung und Begrenzung des Prinzips Kirche« darstelle, schreibt er: »Über dem Papst als Ausdruck für den bindenden Anspruch der kirchlichen Autorität steht noch das eigene Gewissen, dem zuallererst zu gehorchen ist, notfalls auch gegen die Forderung der kirchlichen Autorität.«

[17] Auch die sehr scharfsinnige Argumentation und die zunehmende Verwendung personalistischer Kategorien können nicht darüber hinwegtäuschen, daß es letztlich doch wieder die physiologisch-biologischen Strukturen und Abläufe sind, bei denen das ethische Denken hier ansetzt – nicht die menschliche Person und ihre partnerschaftliche Verbundenheit; diese sind durch jene in Pflicht genommen. In »Familiaris consortio« (Art. 34 und 35) sind es eben die natürlichen »Rhythmen« und ihr Anspruch, die das menschliche Ethos evozieren – nicht Personalität und Kommunikation. Es scheint, daß die »personale Betrachtung« durch die »generative« noch einmal zurückgedrängt ist.

freilich nicht behauptet werden, das Problem der Empfängnis-regelung sei gelöst. Was bis jetzt bekannt ist und praktiziert wird, sind immer noch lauter Notbehelfe. – *Zweitens,* es ist entscheidend, daß wir als Kirche ein positives und lebbares Modell verantworteter Elternschaft vertreten, weil wir sonst in der Abtreibungsdebatte jede Glaubwürdigkeit verlieren. – *Drittens:* Man hört immer wieder, daß eine Dogmatisierung oder wenigstens eine Quasi-Dogmatisierung der kirchlichen Lehre von der Empfängnisregelung bevorstehe. Solange es möglich ist, vertrauen wir darauf, daß der Heilige Geist dies verhindern wird. Sollte er es nicht verhindern, werden viele darin eine Ermunterung sehen, die Dogmen insgesamt niedriger zu hängen, als sie im allgemeinen Verständnis hängen. In Wirklichkeit zeigen sie zwar in der Tat auf eine absolute Wahrheit hin, ihre Formulierungen als solche dürfen aber den Charakter des Absoluten, auf das sie zeigen, nicht für sich selbst usurpieren. Formen der Vermittlung der christlichen Botschaft transzendieren trotz ihrer unbestrittenen Dignität und Gravität nie den Rang von »Interpretamenten«, von Medien eben des Verweisens auf den verborgenen Gott. – Vielleicht hat der evangelische Theologe, der einen Tag lang über unsere innerkirchlichen Schwierigkeiten mit dem Verfasser diskutierte, doch recht, wenn er hinterher schrieb: »Sie tun mir eigentlich leid: Sie sitzen an Ihrem Schreibtisch und mühen sich schweißtriefend um die Lösung von Problemen, die es ohne Sie gar nicht gäbe.«

Man kann aber ohne Sorge sein. Die theologischen Ethiker kennen keine Resignation, weil sie mit der Kategorie der Geschichtlichkeit umzugehen gelernt haben. Sie werden weiter darauf drängen, daß die steckengebliebene Intention des Konzils in unserer Frage schließlich doch eingelöst wird.

Ingolf Schmid-Tannwald
Die Abtreibungsproblematik und die Verantwortung des Arztes

Seit es Menschen gibt, kennt man das Problem der ungewollten Schwangerschaft (Poettgen, 1982). Allein in den letzten 15 Jahren seit der Neufassung des § 218 StGB sind in der damaligen Bundesrepublik Deutschland schätzungsweise drei Millionen Schwangerschaftsabbrüche durchgeführt worden. Damit sind etwa sechs Millionen Menschen als werdende Mütter und Väter unmittelbar und weitere Hunderttausende als Ärzte, Berater, nächste Angehörige, Bekannte aus dem sozialen Umfeld usw. betroffen. Die Zahlen verdeutlichen, in welch einem Ausmaß die Erwachsenen unseres Landes – bei 90% Notlagenindikationen – mit dem Abtreibungsgeschehen konfrontiert sind (Ketting und Van Praag, 1985). Ist dies Ausdruck der Schwierigkeit, mit dem Leben in einer Weise umzugehen, »die es uns und gleichzeitig unseren Nachkommen ermöglicht, unseren menschlichen Bedürfnissen entsprechend zu leben«, wie es die Pschoanalytikerin Bauriedl einmal formulierte (Bauriedl, 1989)? Letztlich ist es die Frage nach dem Leben und dem Lebenlassen.

Vielleicht läßt sich dies am besten an einem Beispiel verdeutlichen.

Eine ledige Krankenschwester lernt einen verheirateten Arzt kennen, Vater von zwei Kindern. Seine Ehe steckt seit längerem in einer Krise. Es kommt zu intimen Beziehungen. Die Geliebte des Arztes schützt sich mit Hilfe der Pille vor einer unerwünschten Schwangerschaft, zumal der Mann zu verstehen gibt, daß er sich von seiner Familie nicht trennen könne und wolle. Seine Freundin erklärt, dafür Verständnis zu haben. Auch ihr passe eine solche Beziehung in ihre derzeitige Lebensplanung. Nach etwa einem Jahr jedoch bemerkt sie das Ausbleiben der Regelblutung. Der Schwangerschaftstest ist positiv. Sie entschließt sich zum Schwangerschaftsabbruch und läßt diesen durchführen. Erst danach informiert sie ihren Geliebten über die erfolgte Abtreibung. Er ist bestürzt; schließlich sei es ja auch sein Kind gewesen, er hätte sich ein Mitspracherecht gewünscht und verstehe nicht, wie bei der offenen Art ihrer bisherigen Beziehung ein solcher Mangel an Vertrauen zu ihm habe möglich sein können. Wenig später kommt es zur endgültigen Trennung.

I. Analyse des Schwangerschaftskonfliktes

Analysiert man die hier vorliegende Abtreibungsproblematik und die Dynamik ihrer Entwicklung, so sind zumindest die Krise zwischen dem Arzt und seiner Ehefrau und die Intimbeziehung des Arztes zu der ledigen Krankenschwester präexistente Konflikte vor dem späteren Schwangerschaftskonflikt. Letzterer hat also eine Vorgeschichte. Es gelingt zwar zunächst, eine scheinbare Konfliktfreiheit unter der Anwendung sicherer Kontrazeptiva zu erreichen. Diese stellen demnach einen ersten medikamentös-instrumentellen Konfliktlösungsversuch dar. Trotz der vereinbarten Begrenzung auf ein außereheliches Verhältnis beginnt die Frau aber zunehmend an eben dieser Einschränkung ihrer Beziehung zu leiden. Vielen sexuellen Verbindungen, ja selbst kurzen Begegnungen liegt der unbewußte Wunsch nach einer beständigen und für Kinder tragfähigen Paarbeziehung zugrunde. So auch hier. Die daraus resultierende Ambivalenz macht den ersten Konfliktlösungsversuch mit Hilfe der Pille auf Dauer untauglich. Es folgt der zweite, ebenfalls durch die Frau: Durch»Vergessen« der Pille oder durch Befolgen des Rates eines Arztes, der wegen migräneartiger Kopfschmerzen von der weiteren Einnahme der Pille abrät, wird die Frau schwanger, wozu man früher ja auch »guter Hoffnung sein« sagte. Es ist keine zufällige Panne im kontrazeptiv und rational abgesicherten Verkehr des Paares, wie man vielleicht auf den ersten Blick vermuten könnte. Tiefenpsychologisch gesehen dürfte es sich um den unbewußten Versuch der Frau handeln, den bestehenden

Identitäts-, Partnerschafts- bzw. Lebenskonflikt auf diese Weise zu lösen. In der Realität kommt es dadurch zu einer extremen Zuspitzung der Konfliktsituation, die eine rasche Klärung der nun bestehenden »anderen Umstände« erzwingt. Bekanntlich können ungewollte Schwangerschaften schwerste Konflikte auslösen, wenn die Lebensplanung der Frau und die des Mannes unversöhnlich aufeinanderprallen. Sie bedrohen, und darin liegt die Tragik, zugleich das Lebensrecht des Kindes. Zwangsläufig entscheidet die Schwangere letztlich darüber, ob ein Schwangerschaftsabbruch erfolgt. Doch inwieweit kann man dabei wirklich von einer selbstbestimmten Entscheidung sprechen, wenn die Lösung des Schwangerschaftskonfliktes letztlich durch die Möglichkeiten und Grenzen vorgegeben ist, die der Frau durch ihre Person, durch ihren Partner und das nähere und weitere soziale Umfeld gesetzt sind? In diesem Konflikt erleben Frauen sich, ihren Partner, die nächste Umgebung sowie ihre Lebenssituation oft in bedrückender und schonungsloser Deutlichkeit. Sie erkennen mitunter erstmals in ihrem Leben das Ausmaß einer bisher nicht für möglich gehaltenen persönlichen, sozialen und finanziellen Abhängigkeit, Fremdbestimmung und Entmündigung, eben »andere Umstände«. Oft zwingen diese dann zum Abbruch, und selbst dabei müssen die Frauen erfahren, daß sie auf ärztliches, operatives Geschick angewiesen sind, was sie als den sichtbarsten Ausdruck des Vollzuges der Fremdbestimmung an ihrem Körper empfinden mögen.

So auch die schwangere Geliebte des Arztes. Ohne den Vater des Kindes über ihre Schwangerschaft zu informieren, unternimmt sie gewissermaßen in logischer Konsequenz nun einen dritten, mehr operativ-technischen Versuch, den Schwangerschaftskonflikt zu lösen: sie läßt die Schwangerschaft abbrechen (Goebel, 1984). Damit sind die bedrohlichen »anderen Umstände«, aber auch ihr »Guter-Hoffnung-Sein« beseitigt, und zunächst einmal ist Zeit gewonnen. Der Konflikt, der im wesentlichen in der Art ihrer gemeinsamen Beziehung enthalten ist, bleibt dennoch weiter bestehen. Der Abbruch aber ist Ausdruck des Scheiterns (Jürgensen, 1986).

Eine solche, die Vorgeschichte des Schwangerschaftsabbruches berücksichtigende Betrachtungsweise erlaubt es natürlich nicht mehr, die Schwangerschaft lediglich als Ursache des Konfliktes anzusehen und sie im unerschütterlichen Glauben zu beseitigen, damit werde der Frau »wirklich geholfen«. Mit dem Absaugen des bewußt verfälschend als »Schwangerschaftsgewebe« bezeichneten Embryos und solange der Lebenskonflikt der Eltern bestehenbleibt, ist der Schwangerschaftsabbruch als eine verfehlte, symptomatische »Behandlung« anzusehen. Es wurde ja lediglich das Symptom des Konfliktes, nämlich die unerwartet aufgetretene Schwangerschaft beseitigt.

Natürlich wird auch dem subjektiven Erleben des Konfliktes der Frau vor und nach dem Schwangerschaftsabbruch in keiner Weise Rechnung getragen: ihrer Angst, den Mann zu verlieren, ihm lebenslang verbunden zu sein, gerade von ihm dieses Kind zu haben, es getötet zu haben, Beruf und Mutterschaft nicht vereinbaren zu können, ihr Verhalten vor sich und gegebenenfalls später vor anderen rechtfertigen zu müssen usw. All das bleibt aktuell.

Erst mit der Trennung vom Vater des Kindes ist diese konflikthafte Beziehung zumindest äußerlich beendet. Die Trauer über die Abtreibung und die gescheiterte Beziehung wird noch lange bleiben. Sie kann auch erst nach dem Abbruch zugelassen werden. Vorher hätte die Trauer den Abbruch vielleicht verhindern können. Daher entsteht – wie hier – oft der Eindruck, Frauen ließen den Schwangerschaftsabbruch gefühllos, ja geradezu leichtfertig vornehmen, was sicher nur selten der Fall ist. Für beide, Mann und Frau, besteht nach der Trennung die Hoffnung auf eine bessere Zukunft in der Regel erst dann wieder, wenn auch ihnen diese Sicht der Ereignisse möglich ist und sie das Geschehene zumindest teilweise verarbeiten können. Andernfalls besteht die Gefahr der Wiederholung in neuen Beziehungen und des erneuten sinnlosen Tötens mit ärztlicher »Hilfe« (Schmid-Tannwald/Wisser, 1986).

II. Die Rolle des Arztes

Bisher haben wir die Rolle des Arztes in diesem Geschehen außer acht gelassen. Er soll von Berufs wegen Leben und Gesundheit schützen. Wenn es um ungeborenes Leben geht, hat er schwierige Entscheidungen oftmals unter Zeitdruck zu fällen. Solche Entscheidungen erfordern von ihm Bereitschaft zur Übernahme von Verantwortung. Das Einstehenmüssen für das eigene Handeln ist folgenschwer und daher belastend. Im Zusammenhang mit der Notlagenindikation bereitet oft schon die Feststellung, ob Gründe für einen straffreien Schwangerschaftsabbruch vorliegen, erhebliche Schwierigkeiten, weil man nicht, wie gewohnt, auf objektivierbare medizinische Befunde zurückgreifen kann. Der Arzt muß eine Lebenssituation in ihrer Gesamtheit erfassen. Dies erfordert unter anderem Menschenkenntnis, Takt, Lebenserfahrung und eine gute Portion Intuition. Das Risiko zu irren ist erheblich.

Für die Indikationsstellung aber entscheidend ist die nach ärztlicher Erkenntnis zu erfolgende Beurteilung, ob die erfaßten Umstände die Schwangere in eine so schwere Notlage stürzen, also ihre Fähigkeit zum Austragen der Schwangerschaft so sehr beeinträchtigen, daß das Austragen unter diesen Umständen der Frau nicht zugemutet werden kann.

Kein Wunder, daß sich Ärzte aus vielen Gründen überfordert fühlen, sich auf eine Schwangere mit einer Konfliktschwangerschaft einzulassen, und man sollte den Mut haben, sich dies einzugestehen. Der Arzt läuft dann Gefahr, zwar als solcher tätig zu sein, ohne aber Entscheidendes für die Erhaltung von Leben bewirken zu können, d. h. sich seiner Verantwortung durch Scheinlösungen zu entziehen.

Scheinlösung 1: Die »mündige Patientin«

Hierbei beschränkt sich der Arzt auf das fachmännische Erbringen medizinischer Dienstleistungen und legt diesen ungeprüft die Angaben und Wünsche seiner »mündigen Patientin« zugrunde.

Dies hat mit verantwortlichem ärztlichem Handeln auf dem Boden ärztlicher Erkenntnis natürlich nichts zu tun, obwohl es oft als frauenfreundlicher und fairer Weg deklariert wird.

Besonders problematisch wird diese Position unter anderem aber beim Drängen der Patientin auf Schwangerschaftsabbruch, wenn sie in einem solchen Arzt nur einen Erfüllungsgehilfen für eine von ihr gestellte Indikation zu einem Tötungseingriff findet bzw. ihn ausschließlich in dieser Absicht aufsucht. Der Beschluß des 94. Ärztetages in Hamburg, der ein Kommissionspapier annahm, wonach die Feststellung der Notlage im Zusammenhang mit dem Schwangerschaftsabbruch mit ärztlicher Erkenntnis nicht zu erreichen sei und daher die Entscheidung darüber von der Betroffenen eigenverantwortlich gefällt werden müsse, deutet in dieser Richtung und erscheint als mehr als bedenklich. Wenn aber Ärzte nicht in der Lage sein sollten, eine Notlage zu erkennen, liegt dies entweder an der mangelnden Fähigkeit, eine zugegebenermaßen mitunter schwierige Diagnose zu stellen, oder es besteht überhaupt keine Notlage. In keinem Fall kann daraus eine Berechtigung zum Töten ungeborenen menschlichen Lebens erwachsen. Ärzte müssen den Mut haben, in solchen Fällen ihre Einschätzung der Schwangeren mitzuteilen, sie ihr gegenüber zu verantworten und gegebenenfalls die Mitwirkung am Schwangerschaftsabbruch zu verweigern.

Nach dem geltenden Recht ist der Arzt verpflichtet, nach ärztlicher Erkenntnis selbst zu beurteilen, ob die vorliegenden Umstände tatsächlich die Gefahr einer Notlage in sich bergen, die so schwer wiegt, »daß von der Schwangeren die Fortsetzung der Schwangerschaft nicht verlangt werden« und die Gefahr einer Notlage »nicht auf eine andere für die Schwangere zumutbare Weise abgewendet werden kann«. Dabei muß die Notlagenindikation etwa von gleicher Gewichtigkeit sein wie eine medizinische Indikation.

Bei der schwangeren Krankenschwester haben der indizierende und der abbrechende, d. h. der letztverantwortliche Arzt eine solche Abwägung *nicht* vorgenommen. Sie übernahmen als Rechtfertigung für ihr Handeln allein die Sicht der Frau, ohne der Beziehungsproblematik nachzugehen und den verheirateten Arzt als Vater des Kindes einzubeziehen.

Scheinlösung 2: Der »prinzipientreue Arzt«

Zuvor allerdings hatte unsere junge Frau ihren Hausarzt aufgesucht, der ihren Wunsch nach Abbruch empört als Ansinnen zurückwies. Er hatte ihr kurzerhand geraten, das Kind zur Adoption freizugeben.

Solche Ärzte empfinden Frauen mit Schwangerschaftskonflikten häufig als eine Zumutung. Sie sind daher auch nicht in der Lage, auf die Frauen angemessen einzugehen, und lehnen jegliche, auch die entfernteste Mitwirkung an einem Schwangerschaftsabbruch ab. Dabei berufen sie sich auf das christliche Tötungsverbot oder den hippokratischen Eid, der da lautet: »Auch werde ich niemandem ein tödliches Mittel geben, auch nicht, wenn ich darum gebeten werde, und werde auch niemanden dabei beraten; auch werde ich keiner Frau ein Abtreibungsmittel geben.« Diese Einstellung macht es den Ärzten natürlich leicht, ihre eigenen Grundsätze zu wahren, um den Preis der menschlichen Nähe und persönlichen Betroffenheit. Aber damit auch um den Preis ihrer Glaubwürdigkeit als Ärzte in der heutigen Zeit. Der Arzt nimmt nämlich solche Patienten in ihrer menschlichen und gesundheitlichen Not nicht wahr und überläßt sie und ihr ungeborenes Kind teils bewußt, teils unbewußt ihrem jeweiligen Schicksal. Ja, er kann sogar dazu beitragen, daß die von der Patientin empfundene Ablehnung in Aggression der Frau gegen sich und ihr Ungeborenes umschlägt.

III. Ärztliche Verantwortung im Schwangerschaftskonflikt

Was aber die Schwangere und ihr ungeborenes Kind dringend brauchen, ist die Begegnung mit einem Arzt, der sich seiner berufsmäßigen Verantwortung, menschliches Leben zu schützen und zu heilen, mit allen Chancen und Risiken stellt. Er muß bereit sein, Schwangere in ihrer Notsituation anzunehmen und ihnen Zuwendung, Anteilnahme und Einfühlungsvermögen entgegenzubringen. An erster Stelle stehen konzentriertes Zuhören und einfühlsames Fragen. Auch präzise Aufklärung über die oft nicht bekannten gesetzlichen Fristen und die exakte Bestimmung der Schwangerschaftsdauer können der Frau ihren vermeintlichen Zeitdruck und damit das Gefühl der Panik nehmen. Dazu gehört die erklärte Bereitschaft, jederzeit fachlich und menschlich zur Verfügung zu stehen. Sie nimmt der Frau ebenso Angst, wie die Versicherung, eines Morgens werde sie aufwachen und genau wissen, was sie zu tun habe, mit der ich sehr gute Erfahrungen gemacht habe. Denn von der Schwangeren und vom Arzt ist möglichst jeder Druck und der Frau ist vor allem das Gefühl zu nehmen, sie stehe unter einem Zwang zur Entscheidung. So kann sich eine Vertrauensbasis zwischen Arzt und Patientin entwickeln, die allein die Offenheit, die Möglichkeit zu wechselseitigem Austausch, zu Fragen nach Zeitpunkt und Bedeutung der Schwangerschaft sowie Überlegungen für Perspektiven zu einer möglichen Lösung eröffnet. Fast unmerklich rückt das ungeborene Kind wieder ins Blickfeld und kann auf Rücksicht und Schutz seiner Mutter hoffen. Dieser Prozeß läßt sich heute behutsam mit Hilfe des Ultraschalls unterstützen. (Wir haben in unserem Film »Leben mit dem Ungeborenen« versucht, diese Entwicklung einzufangen.[1]) Im übrigen kann bei diesen Voraussetzungen auch der Vater des Kindes im Einvernehmen mit der Frau leichter in die schwierige Entscheidung einbezogen werden.

Ich glaube, es ist deutlich geworden, daß man von einem Arzt, der tatsächlich im Schwangerschaftskonflikt helfen und lebensschützend wirken will, mehr erwarten wird als Prinzipientreue, die Ausstellung der Indikation oder die korrekte Durchführung des Abbruches. Der Arzt muß sich als Beteiligter und Mitver-

---

[1] Der Film wurde im Auftrag des Bayerischen Staatsministeriums für Arbeit, Familie und Sozialordnung hergestellt und ist über den Landesfilmdienst Bayern, Postfach 440 104, W-8000 München 44, zu beziehen.

antwortlicher fühlen und als solcher handeln – auch auf die Gefahr hin, mißverstanden oder sogar mißbraucht zu werden. Ver*antwort*ung beinhaltet eben die Notwendigkeit zu *antworten*, d. h. in einen Dialog mit der Frau und ihren Nächsten zu treten (Dmoch, 1986). Damit hängt vieles von der Persönlichkeit des Arztes ab, ob er zupackend und beherzt, scheu, verbindlich oder gleichgültig ist. Seine charakterliche Einstellung, seine religiöse Überzeugung und seine gesamte Lebenserfahrung prägen sein Eintreten für die Frau und ihr ungeborenes Kind.

Jeder Schwangerschaft, der »gewollten« wie der »ungewollten«, liegen gegenläufige Motive zugrunde, das heißt, die Schwangerschaft wird ambivalent erlebt (Molinski, 1981). Es ist daher sehr bedenklich, das Schicksal des Kindes vom momentanen Überwiegen des gerade vorherrschenden ablehnenden Ambivalenzanteiles abhängig machen zu wollen. Der Arzt hat in erster Linie die lebensfördernden Anteile zu verstärken und die Frau in ihrer Lebenssituation zu stützen. Es ist nicht berechtigt, aus einem Schwangerschaftskonflikt auf eine ungünstige Kindesentwicklung im Sinne der Wunschkindtheorie oder auf bleibende Nachteile für die Mutter zu schließen. Gerade das Gegenteil kann eintreten. Alles ist offen (Petersen, 1986)!

Realistischerweise muß eingestanden werden, daß auch der dem Wohle von Mutter und Kind verpflichtete Arzt Niederlagen hinnehmen muß. Aber sein konsequentes Eintreten bietet die einzige reelle Chance für Mutter und Kind. Sie ist um so größer, je intensiver sich der Arzt auch als Person selbst einbringt und je mehr Erfahrung er sammeln konnte. Dies wird natürlich auch die Art seiner Klientel bestimmen.

Die schwangere Krankenschwester und mit ihr viele schwangere Frauen wollen einen solchen Arzt gar nicht aufsuchen. In ihren Augen stellt er eine zu große Bedrohung für sie dar. Er könnte vielleicht ihre Verzweiflung bemerken, sie zutiefst verunsichern und sie in ihrem Entschluß schwankend machen. Später fragen sich diese Frauen mitunter, was gewesen wäre, wenn sie einem wirklichen Arzt begegnet wären. Die Chance für einen menschlichen Entwicklungsschritt hätte gegeben sein, die Emanzipation aus konflikthaft vorgegebenen Verhaltensweisen hätte im Rahmen einer solchen Begegnung erfolgen können. Wäre dies nicht ärztliche, d. h. das Leben schützende Hilfe – im Sinne von heilen, lindern und verhindern auch noch von zukünftigen körperlichen und seelischen Leiden – gewesen? Jedenfalls hätte das Leben der beteiligten Frauen und Männer eine völlig andere Entwicklung nehmen können; die Möglichkeit zu jenem anderen, ungelebten Leben bestand damals.

IV. Forderungen an eine Neuregelung des Abtreibungsgesetzes

Es lohnt sich, auch in der gegenwärtigen konfliktreichen politischen Auseinandersetzung um den § 218 StGB Position zu beziehen und sich nicht entmutigen zu lassen. Ich möchte daher diese Gelegenheit benutzen, aus der Sicht eines Frauenarztes die wichtigsten Forderungen an eine Neuregelung für einen besseren Schutz des ungeborenen Lebens zu formulieren.

1. Ärzte dürfen sich ihrer besonderen, berufsbedingten Verpflichtung für den Schutz des Lebens nicht entziehen. Ihre Verantwortung hierbei ist einerseits Ausdruck des Wertes menschlichen Lebens in der Gesellschaft und wirkt umgekehrt auf diese zurück (Hepp, 1981). Die Beschlüsse des 94. Ärztetages in Hamburg müssen daher dringend grundsätzlich überprüft werden.

2. Jeder Arzt muß für sein Handeln einstehen: strafrechtlich, zivilrechtlich und moralisch. Es kann deshalb auf eine Indikationsregelung nicht verzichtet werden. Der Schwangerschaftsabbruch muß wie jeder andere ärztliche Eingriff behandelt werden, das heißt, er muß medizinisch notwendig sein und mit Zustimmung des einsichtsfähigen Patienten erfolgen. Die Juristen sind zusammen mit den Ärzten gefordert, eine angemessene Indikationsregelung festzulegen.

3. Das derzeitige Verfahren beim Schwangerschaftsabbruch kann durchaus verbessert werden, z. B. durch

die Verpflichtung zur schriftlichen Begründung der Indikation, wie bei ärztlichen Gutachten allgemein üblich. Welcher Arzt würde heute ohne schriftlichen Befund eine Brust amputieren? Selbst Laborbefunde sollten schriftlich vorliegen, bevor man daraus Entscheidungen ableitet;

einen wesentlich höheren Stellenwert der ärztlichen Beratung. Sie muß sich mit dem Ambivalenzkonflikt in der Schwangerschaft, dem Entwicklungsstand des ungeborenen Kindes und allen Risiken des Schwangerschaftsabbruchs eingehend befassen. Hierin sehe ich derzeit die größten Defizite. Es muß aber auch diese ärztliche *Leistung* Wertschätzung und Anerkennung finden;

intensive Weiterbildung der Frauenärzte auf dem Gebiet der Familienplanung und Schwangerschaftskonfliktberatung (Prill, 1989).

4. Auch die psychosoziale Beratung, soweit sie von den Schwangerschaftskonfliktberatungsstellen geleistet wird, sollte konsequent ausgebaut werden, damit schwangeren Frauen alle nur möglichen Hilfen angeboten werden und verfügbar sind. Die Kooperation der Ärzte mit den Beratungsstellen ist zu intensivieren.

5. Die Ergebnisse, die mit dem bayerischen Schwangerenberatungsgesetz erzielt wurden, sind aus der Sicht des Arztes ermutigend und sollten Vorbildcharakter für neue gesetzliche Regelungen haben. Insbesondere ist die Trennung von psychosozialer Beratung, Indikationsstellung und Abbruch beizubehalten. Die Beratung hat der Indikationsstellung vorauszugehen, wenn sie optimal wirken soll.

6. Eine zeitgemäße Lösung des Problems ungewollter Schwangerschaften ist die Erziehung der Jugend zu verantwortlicher Sexualität und Elternschaft.

V. Zusammenfassung

Der Arzt hat die Pflicht, der Frau zu einer verantwortbaren Entscheidung zu verhelfen. Er ist am ehesten noch unabhängiger Garant der Interessen des Ungeborenen. Sieht er nach einem verantwortlichen Dialog mit der Frau keine Indikation zum Schwangerschaftsabbruch, so muß sie diese Entscheidung respektieren. Man kann nicht erwarten, daß er sich zum Erfüllungsgehilfen der Frau und ihrer speziellen Umstände machen läßt, auch nicht, wenn sie »um die Ecke beim Kollegen den Abbruch bekommt«.

Gesetze sollen bekanntlich den Schwächeren vor der Willkür des Stärkeren schützen. Wenn jetzt aber die Stärkeren die Gesetze zu ihren Gunsten machen und auslegen, verlieren die Schwächeren, d. h. die Ungeborenen und ihre Mütter, jeglichen Schutz.

Denn am Vorabend einer neuen Schwangerschaftsabbruchs-ära mit der Abtreibungspille RU 486 wird die Frau auf medikamentösem Wege und durch die zu erwartende unaufhaltsame Tendenz zur Selbstmedikation bald unabhängig vom Arzt den Abbruch bei sich selbst durchführen. Er wird so zur höchst privaten Angelegenheit der Frau. Man fühlt sich an die Zeit der Einführung hormonaler Kontrazeptiva Anfang der sechziger Jahre erinnert, als die selbständige Kontrolle der Frau über ihre Fruchtbarkeit die Gemüter bewegte und wesentlich die heutige Entwicklung vorbereitete.

Ob es dann zu spät ist, dem Schutz menschlichen Lebens wesentlich mehr Platz in der ärztlichen Aus-, Fort- und Weiterbildung vor allem in den Bereichen Sexualität, Geburtenkontrolle, Familienplanung, pränatale Medizin, Schwangerschaftskonfliktberatung und psychosomatische Medizin einzuräumen? Nur ein auf den Lebensschutz hin ausgebildeter Arzt wird in Zukunft unter ungünstigeren Bedingungen für den Schutz menschlichen Lebens etwas bewirken.

Dabei wird unser aller Verhalten nicht mehr nach den instrumentell-technischen Möglichkeiten unseres Tuns, sondern nach den Motiven und den Folgen zu beurteilen sein. Das gilt sowohl für die Empfängnis- und Schwangerschaftsverhütung im Rahmen einer verantwortlichen Elternschaft als auch für den Schwangerschaftsabbruch. Unter Berücksichtigung der Motive und Folgen ist nicht ernsthaft zu bestreiten, daß die unverantwortliche Tötung ungeborener Kinder im Mutterleib und auch ein Teil der Bemühungen um eine sichere Empfängnis- und Schwangerschaftsverhütung zeigen, mit welch unerbittlicher Konsequenz wir unser Leben gegen neues Leben, das zu uns will oder schon da ist, glauben verteidigen zu müssen. Darin sehe ich letztlich den tragischen Versuch vieler von uns, die Zukunft in unseren Kindern zu verhindern, weil sie die eigenen Lebensmöglichkeiten und -perspektiven einschränken. Der vorgestellte Fall dürfte dies verdeutlicht haben. Andererseits rechtfertigt der mögliche Mißbrauch der empfängnisverhütenden Mittel nicht, auf diese zeitgemäßen Methoden einer Geburtenregelung zu verzichten, sofern sich Frauen und vor allen Dingen auch Männer dabei ihrer Verantwortung für die Zeugung menschlichen Lebens bewußt bleiben.

Allerdings geben Männer ihre Verantwortung für die Empfängnisverhütung und die Entscheidung über einen Schwangerschaftsabbruch leichten Herzens an die Frauen ab und deklarieren dies als Befreiung der Frau von männlicher Bevormundung. Das hören Frauen gerne, besonders solche, denen die Emanzipation ein besonderes Anliegen ist. Konsequenterweise wird der Weg zum Schwangerschaftsabbruch – auch mit Unterstützung der Männer – geebnet; die Einführung der Fristenregelung wird offen angestrebt. Aber abgesehen davon, daß eine Fristenregelung für mich als Arzt aus vielen Gründen kein Thema ist, sehe ich in der praktischen Freigabe des Schwangerschaftsabbruchs weder eine Lösung der jahrtausendealten Abbruchsproblematik noch eine Lösung für eine Gesellschaft, die in den Kindern ihre Zukunft sehen müßte, will sie wirklich lebendig bleiben.

Sie ist schon gar nicht ein wichtiger Schritt auf dem Weg zur weiteren Emanzipation der Frau (Schmid-Tannwald, 1991). Mir erscheint die Fristenregelung vielmehr als ein Danaer-Geschenk der Männer, die damit endgültig ihre Verantwortung für ihr sexuelles Handeln den Frauen aufbürden.

Literatur

Th. Bauriedl, Ein Paragraph kann das Problem nicht lösen, unveröffentlichtes Manuskript

W. Dmoch, Widerspruch und Versöhnung – Schwierigkeiten der Indikationsbeurteilung bei Beratung wegen Schwangerschaftskonflikt, in: B. Fervers-Schorre/H. Poettgen/M. Stauber (Hrsg.), Psychosomatische Probleme in der Gynäkologie und Geburtshilfe 1985, Berlin/Heidelberg 1986, 101

P. Goebel, Abbruch der ungewollten Schwangerschaft. Ein Konfliktlösungsversuch? Berlin/Heidelberg 1984

H. Hepp, Der Schwangerschaftsabbruch aus medizinischer und ärztlicher Sicht, in: F. Boeckle (Hrsg.), Schwangerschaftsabbruch als individuelles und gesellschaftliches Problem, Düsseldorf 1981, 47

O. Jürgensen, Schwangerschaft als seelischer Konflikt – bewußte und unbewußte Motivationen zum Schwangerschaftsabbruch, in: Fervers-Schorre/Poettgen/Stauber (Hrsg.), Psychosomatische Probleme, 107

E. Ketting/Ph. van Praag, Schwangerschaftsabbruch. Gesetz und Praxis im internationalen Vergleich (Tübinger Reihe, Bd. 5), Tübingen 1985

H. Molinski, Psycho-soziale Hintergründe des Schwangerschaftsabbruches heute, in: F. Boeckle (Hrsg.), Schwangerschaftsabbruch als individuelles und gesellschaftliches Problem, Düsseldorf 1981, 66

P. Petersen, Schwangerschaftsabbruch – unser Bewußtsein vom Tod im Leben, Stuttgart 1986, 72

H. Poettgen, Die ungewollte Schwangerschaft. Eine anthropologische Synopsis, Köln-Lövenich 1982

H.-J. Prill, Schwangerschaft – Konflikt und Beratung, in: W. Dmoch/M. Stauber/L. Beck (Hrsg.), Psychosomatische Gynäkologie und Geburtshilfe 1989/90, Berlin/Heidelberg 1990, 115

I. Schmid-Tannwald, Anhörung des Bundesrates, Ausschuß für Jugend, Familie, Frauen und Gesundheit zum Gesetzesantrag des Landes Berlin am 17. 4. 1991 in Berlin. Dokumentation Bundesrat Öffentlichkeitsarbeit

I. Schmid-Tannwald/J. Wisser, § 218: Töten, um zu helfen?, in: Sexualmedizin 15 (1986) 535

Wilhelm Ernst

Die Verantwortung für das ungeborene Leben

Moraltheologische Leitlinien

I. Der staats- und gesellschaftspolitische Hintergrund der heutigen Diskussion

Das vereinte Deutschland befindet sich gegenwärtig und wohl auch noch für längere Zeit in einer außerordentlich schwierigen Lage. Weitaus bedeutender als die wirtschaftliche Umgestaltung ist in diesem Prozeß die Aufgabe, unterschiedliche politische Systeme, unterschiedliche Rechtssysteme, unterschiedliche Gesellschaftssysteme, unterschiedliche Weltanschauungen und vor allem unterschiedliche gesellschaftliche Mentalitäten aufzuarbeiten und dadurch eine gesellschaftliche Friedensordnung zu ermöglichen. Hierfür ist ein Konsens über fundamentale Werte unerläßlich.

Wie brisant in diesem Zusammenhang gerade die Frage nach dem Konsens über den fundamentalen Wert des ungeborenen Lebens ist, hat sich daran gezeigt, daß an der Frage der gesetzlichen Regelung zum Schwangerschaftsabbruch beinahe der Einigungsvertrag gescheitert wäre. In diesem Vertrag ist das Problem nicht gelöst, sondern nur verschoben worden. An der bisherigen, äußerst emotional geführten Diskussion wird deutlich, daß sich über bestehende Rechtsregelungen in den alten und neuen Bundesländern hinaus die Fronten zwischen Befürwortern und Gegnern dieser oder jener Regelung verschärft und zugleich verschoben haben. Die Diskussion über die geforderte Neuregelung führt mehr und mehr zu einem Weltanschauungskampf, in welchem jede der gegenwärtig bestehenden Richtungen ihre Position auch politisch durchzusetzen versucht. Dieser Kampf durchzieht nicht nur die Gesellschaft als ganze, sondern wie die bisher vorliegenden Vorschläge zeigen, auch Parteien, gesellschaftliche Gruppen und die Kirchen. Dabei kommt die eigentlich ethische Frage nach der Verantwortung für das ungeborene menschliche Leben oftmals zu kurz.

Bevor ich auf diese ethische Frage zu sprechen komme, möchte ich wenigstens kurz aufzeigen, in welcher Weise unterschiedliche Weltanschauungen, Ideologien und Anthropologien nicht nur das Recht selbst, sondern mit dem Recht und durch das Recht auch das Ethos der Gesellschaft verändern.

In der früheren DDR gab es bis 1972 ein striktes Verbot des Schwangerschaftsabbruches. Am 8. März 1972 wurde über Nacht und zur Überraschung aller durch den Gesundheitsminister (Mecklinger) ein neues Gesetz erlassen. Darin heißt es: »Die Gleichberechtigung der Frau in Ausbildung und Beruf, in Ehe und Familie erfordert, daß die Frau über die Schwangerschaft und deren Austragung selbst entscheiden darf. Die Verwirklichung dieses Rechts ist untrennbar mit der wachsenden Verantwortung des sozialistischen Staates und aller seiner Bürger für die ständige Verbesserung des Gesundheitsschutzes der Frau, für die Förderung der Familie und der Liebe zum Kind verbunden.« Hiernach entscheidet die Frau allein innerhalb einer Frist von 12 Wochen über einen Abbruch. Nach dieser Frist gibt es eine Indikationsregelung (medizinische und soziale), bei der ein Gremium von Ärzten und Vertretern der Gesellschaft über das Vorliegen einer Indikation befindet. Gründe müssen nach diesem Gesetz also erst nach dem dritten Schwangerschaftsmonat vorliegen. Eine Beratung der Frau erfolgt nicht. Der ausführende Arzt muß lediglich über mögliche gesundheitliche Folgen des Abbruchs informieren. Mit schöner Offenheit heißt es dann im Gesetz, der Schwangerschaftsabbruch biete auch eine zusätzliche Möglichkeit zu den bestehenden Möglichkeiten der Empfängnisregelung.

Außer von der Kirche, die äußerst scharf gegen dieses Gesetz protestierte und in Hirtenbriefen ihre Stellung erläuterte, erfolgte von keiner Seite, auch nicht von ärztlicher, Widerspruch. Einige Ärzte, die persönlich wirksam wurden, verloren ihre Stellung oder mußten sie »freiwillig« aufgeben. Durchweg nahm die

Ärzteschaft die Position ein, die mir ein Oberarzt in einer großen gynäkologischen Klinik nannte: »Natürlich weiß ich, daß ich Menschenleben vernichte. Aber ich bin nun mal Staatsangestellter und befolge die staatlichen Gesetze.« Kirchliche Krankenhäuser waren ausdrücklich von der Verpflichtung zur Vornahme von Abruptionen ausgenommen.

Etwas differenziertere Überlegungen gab es in der medizinischen Literatur erst in den achtziger Jahren, als man vereinzelt zwischen bedingt geschütztem und absolut geschütztem menschlichem Leben zu unterscheiden begann (U. Körner). Aber eine grundsätzliche Hinterfragung der gesetzlichen Regelung erfolgte zu keinem Zeitpunkt.

Ideologischer Hintergrund der DDR-Regelung ist der dialektische Materialismus, der keinen Personbegriff kennt, sondern den Menschen als »Ensemble der gesellschaftlichen Verhältnisse« versteht. Weiterer ideologischer Hintergrund ist die Realisierung der sozialistischen Forderung aus dem Jahre 1923 nach Gleichberechtigung und Selbstbestimmung der Frau. Diese hat Vorrang vor dem Recht des ungeborenen Kindes auf Leben. Folge dieser ideologisch untermauerten Regelung, die intensiv in der Gesellschaft verbreitet wurde, ist ein tiefgreifender Wandel im ethischen Bewußtsein der Gesellschaft. Um die sich stark ausbreitende Schwangerschaftsabbruchmentalität abzumildern, wurden dann mehrfach Gesetze zur sozialen und materiellen Unterstützung für Schwangere und Familien erlassen, aber eine ethische Diskussion über den Wert des ungeborenen Lebens erfolgte in der Gesellschaft nicht. Entscheidend blieb das Selbstbestimmungsrecht der Frau. Hierin ist sicher ein entscheidender Grund dafür zu sehen, daß der weitaus größte Teil (etwa zwei Drittel) der Menschen in den neuen Ländern für die Beibehaltung der Fristenlösung votiert. Eine weitere Rolle spielt zweifellos auch, daß die Zahl der Glaubenslosen in der Bevölkerung etwa 75% ausmacht. Auch ein großer Teil der evangelischen Christen befürwortet eine Fristenregelung in Verbindung mit einer Indikationsregelung, wie sie in der DDR in Geltung war. Es ist in diesem Zusammenhang aber auch daran zu erinnern, daß 1977 laut Umfrage in der Bundesrepublik 40% der befragten Katholiken sich für eine Fristenregelung oder gar für eine völlige Freigabe des Schwangerschaftsabbruchs ausgesprochen haben. Dieser Prozentsatz dürfte bis heute stark angewachsen sein.

Im Unterschied zur rechtlichen Regelung in der DDR gründet die Regelung in der Bundesrepublik in ganz anderen anthropologischen und ethischen Voraussetzungen. Das menschliche Leben ist ein fundamentales Rechtsgut, das unter dem Schutz des Grundgesetzes steht. Es hat grundsätzlich für die gesamte Dauer der Schwangerschaft, die nach der gängigen Rechtsvorstellung mit der Einnistung des Embryos beginnt, Vorrang vor dem Selbstbestimmungsrecht der Schwangeren und darf nicht für eine bestimmte Frist in Frage gestellt werden. Dementsprechend verstößt die sogenannte Fristenregelung, wie sie das DDR-Recht vorsieht, gegen die Schutzpflicht des Staates. Da die Tötung ungeborenen Lebens die Unantastbarkeit des Lebens und die schutzwürdigen Grundlagen der Rechtsgemeinschaft verletzt, ist jeder Schwangerschaftsabbruch strafwürdig. Da die Strafandrohung gegenwärtig praktisch unwirksam geworden ist und keine allgemein wertschützende Funktion mehr ausübt, sucht der Gesetzgeber den Grundwert des menschlichen Lebens durch andere Maßnahmen als durch Strafandrohung zu sichern. Zugleich behandelt er eine Reihe von Konfliktfällen so, daß in ihnen ein Schwangerschaftsabbruch nicht mehr unter Strafe gestellt wird. Medizinische, kriminologische, genetische und soziale Indikationen zeigen einen Konflikt an, in welchem Frauen zu einer Entscheidung kommen können, die mit der Tötung des ungeborenen Kindes endet. Bei einer solchen Entscheidung, die nach vorheriger Untersuchung und Beratung erfolgt, sieht der Gesetzgeber von einer Bestrafung ab. Der äußerst weit gefaßte Indikationskatalog läuft allerdings insofern auf eine Fristenregelung hinaus, als faktisch jeder mit einem Notstand begründete Abbruch als straflos angesehen wird.

II. Christlicher Glaube und ethische Leitlinien zur Verantwortung für das ungeborene Leben

Die christlichen Kirchen lehnen beide staatlichen Regelungen ab, sowohl die DDR-Fristenregelung plus Indikationsregelung als auch die bundesdeutsche auf eine Fristenregelung hinauslaufende Indikationsregelung. Zwar ist es nach christlichem Verständnis von Staat und Recht nicht möglich, daß der Staat den gesamten Bereich des Sittlichen schützt und alle Vergehen gegen die sittliche Ordnung mit Strafe belegt, aber die Kirchen sehen in den beiden Regelungen das Rechtsgut des ungeborenen Lebens nicht hinreichend geschützt.

Oft wird den christlichen Kirchen, besonders der katholischen, vorgeworfen, sie würden eine Sondermoral propagieren, die zudem einseitig das Recht des ungeborenen Kindes über das Recht der Schwangeren auf Selbstbestimmung stellt. Eine solche Moral sei aber in der Gesellschaft nicht verallgemeinerungsfähig, denn Nichtglaubende könnten sich mit den religiös begründeten ethischen Vorstellungen der Kirchen nicht identifizieren. Die Pluralität der Weltanschauungen und der anthropologisch-ethischen Vorstellungen mache erforderlich, daß in der Gesellschaft gerade in der Frage des Schwangerschaftsabbruchs, den die Kirchen so heftig verwerfen, ein rechtsfreier Raum für persönliche Entscheidungen gegeben sein müsse. Nicht wenige votieren deshalb auch für eine völlige Streichung des Paragraphen 218.

Zu alledem ist zu sagen, daß es der Kirche keineswegs um eine Sondermoral geht. Der Glaube an Gott sieht zwar die Würde des Menschen und die Berufung des Menschen in einem tieferen Horizont begründet als die natürliche Vernunft, aber gerade vom christlichen Glauben her wird betont, daß die Einsicht in den Wert und die Würde der menschlichen Person dem Licht der Vernunft offensteht. Die neuzeitliche Freiheitsgeschichte ist ein eindeutiger Beweis dafür, daß die sittliche Vernunft die unbedingte Achtung der Menschenwürde und der Menschenrechte fordert.

Was die Kirche allerdings tut, und es scheint, daß sie gegenwärtig beinahe die einzige Institution ist, die das tut, ist, daß sie unbeirrt den Wert jedes menschlichen Lebens verteidigt, des geborenen wie des ungeborenen, des gesunden wie des kranken und geschädigten, des Lebens an seinem Anfang wie an seinem Ende. Es geht der Kirche ganz und gar nicht um Bestrafung, sondern es geht ihr um kritische Anfragen an philosophische Richtungen, an gesellschaftliche Wertsysteme und an die politischen Entscheidungsträger. Es geht ihr einzig und allein um den Menschen.

Der Grund dafür, daß die Kirche gerade für das ungeborene Leben so entschieden Stellung nimmt, ist darin zu sehen, daß sie sich von ihrem urtümlichen Auftrag her verpflichtet sieht, als Anwalt für das Leben einzutreten, das sich selber weder selbstbestimmen noch sein Recht auf Selbstbestimmung vertreten kann. Ähnliches tut auf seine Weise das Recht, das deshalb dort, wo es um den Schutz des Lebens geht, nicht alles einem rechtsfreien Raum überlassen kann.

Es geht im Eintreten der Kirche für das ungeborene Leben darum, das Bewußtsein für den Wert jedes menschlichen Lebens wachzuhalten. Diese Ethik des Lebensschutzes wendet die uralte Einsicht der Menschheit, die negativ formuliert lautet: »Du sollst nicht töten«, in die positive Formel: »Bewahre das Leben«. In christlicher Sicht lautet dieses Gebot: »Ich bin dein Gott, der dir Leben schenkt und Zukunft verheißt. Bewahre mit mir das Leben und seine Zukunft.« – Das ist die *erste und oberste Leitlinie* christlicher und eben darum auch humaner Ethik. Nach christlichem Verständnis wird der Mensch von Gott so hoch eingeschätzt, daß er ihn als je einzelnen in einen ewigen Dialog mit sich selbst berufen hat. Darum muß jeder Mensch immer als ein Wesen dieser einzigartigen Würde behandelt werden. Er ist niemals nur ein Exemplar der Gattung Mensch, sondern er ist immer unverwechselbar er selbst (vgl. R. Heinzmann, Christentum und Humanum, in: zur debatte 21 [1991] 10).

Eine *zweite Leitlinie* besagt, daß jedes Lebewesen, das Mensch ist, Anspruch auf Schutz hat. Ob und ab wann ein solches Lebewesen ein Mensch ist, kann nicht von der normativen Ethik beantwortet werden. Aber die Antwort auf die Frage nach dem Status des Embryos und des Fetus ist von enormer Bedeutung für die sittliche Urteilsfindung über die Bewahrung dieses ungeborenen Lebens. Zur Findung dieses Urteils spielen empirische Befunde sowie philosophische und anthropologische Einsichten eine große Rolle. In der heutigen Diskussion über die Frage nach dem Beginn des menschlichen Lebens besteht, wie die zuständigen empirischen Wissenschaften zeigen, große Übereinstimmung. Die Frage nach dem Beginn des individuellen und noch einmal des personalen Lebens dagegen ist bekanntermaßen kontrovers. Ich kann die verschiedenen Antwortversuche und die daraus gezogenen unterschiedlichen Konsequenzen für den Umgang mit dem ungeborenen Leben hier voraussetzen. Von kirchlicher Seite gibt es über die empirische und philosophische Seite dieses Problems keine ausdrückliche Lehraussage. Die philosophischen Schwierigkeiten mit dem Personbegriff sind zu groß, als daß man daraus genügend Aufschlüsse gewinnen könnte. Trotz dieser Schwierigkeiten sind wir von der Ethik her in der Lage, eine normative Leitlinie aufzuzeigen, in der ein allgemeingültiges ethisches Prinzip zur Anwendung kommt. Es lautet für das ungeborene Leben folgendermaßen: Die Beweislast dafür, daß beim Embryo zu irgendeinem Zeitpunkt kein Menschsein vorhanden sein kann, liegt bei dem, der diese Behauptung aufstellt. Solange sie nicht eindeutig und zweifelsfrei bewiesen werden kann, hat zu gelten, daß alles, was vom Menschen abstammt, von Anfang an als menschliches Wesen anzusehen ist und deshalb Anspruch darauf hat, nicht vernichtet zu werden (Prinzip des Tutiorismus). Dieser ethische Grundsatz ist insofern von größter Bedeutung, als er zu einem eindeutigen sittlichen Urteil über Embryonenschutz, über nidationsverhindernde Mittel, über die Abtreibungspille RU 486 und über die Fristenregelung führt.

Eine *dritte* ethische *Leitlinie* ergibt sich in Zusammenhang mit der Tatsache, daß das ungeborene menschliche Leben in Konflikt mit anderen Gütern und Werten geraten kann. Genau an diesem Punkt entsteht überhaupt erst die Frage, ob es sittlich erlaubt sein kann, einem anderen Gut den Vorzug vor dem Lebensgut des Kindes zu geben. Konkret gesagt: Kann es erlaubt sein, in einer schwerwiegenden Notlage, in welche die Mutter aufgrund der Schwangerschaft gerät, das ungeborene Kind zu töten? An diesem Punkt entzündet sich immer wieder die Diskussion über das Selbstbestimmungsrecht der Mutter. Abgesehen davon, daß der Vater hierbei kaum einmal erwähnt wird, ist das Argument der Selbstbestimmung in bezug auf die Tötung des Kindes ein schlimmes Argument. Die Frau hat wohl ein Selbstbestimmungsrecht darüber, ob sie ein Kind zeugen will oder nicht, aber die Bestimmung über die Tötung eines anderen Menschen, hier des ungeborenen Kindes, ist nicht Bestimmung über sich selbst, sondern Verfügung über ein anderes eigenständiges Leben. Dieses Leben und sein Überleben ist zwar von der Mutter abhängig, aber es ist nicht Teil der Mutter. Darum ist das Propagandawort »Mein Bauch gehört mir« in diesem Zusammenhang ein des Menschen unwürdiges und für die ethische Bewältigung von Konfliktsituationen untaugliches Wort. Das Kind im Mutterleib legt der Mutter, dem Vater und dem weiteren Umfeld Verantwortungspflichten auf. Diese können in schweren Notlagen in Konflikt mit anderen Pflichten geraten. Diese Not kann sogar so schwerwiegend sein oder als so schwerwiegend empfunden werden, daß sie die Beteiligten beinahe überfordert und oftmals zu einer Entscheidung gegen das Leben des Kindes führt. Wir sollten uns davor hüten, eine solche notvolle Entscheidung als leichtfertig und selbstherrlich zu bezeichnen, auch wenn sie objektiv falsch ist und auch das Problem nicht löst, sondern meistens neue Probleme mit sich bringt. Da Notlagen der Beteiligten nicht a priori die Tötung eines der Beteiligten rechtfertigen, muß die ethische Leitlinie bezüglich der bekannten Indikationen lauten, daß außer bei der vitalen medizinischen Indikation, nach welcher das Leben der Mutter und das Leben des Kindes auf dem Spiele stehen, eine Abwägung der in Frage stehenden Güter nicht zu einer sittlichen Rechtfertigung der Tötung des ungeborenen Kindes führt. Das gilt auch, worauf hier nicht eingegangen werden kann, für das geschädigte ungeborene Leben (etwa nach pränataler Diagnose).

Eine *vierte* ethische *Leitlinie* ergibt sich unmittelbar aus der eben genannten Leitlinie. Sie lautet: Persönliche, familiäre und soziale Konflikte sind nicht durch die Tötung ungeborenen Lebens zu lösen, sondern durch persönliche familiäre und soziale Hilfe für die Frau und für die Familie. Hierin muß hinsichtlich des Lebensschutzes die sozialethische Dimension zum Tragen kommen. Erste Voraussetzung dafür ist, daß die Wahrung und Förderung des ungeborenen Lebens nicht gegen, sondern mit den Eltern geschehen muß. Das ist aber nur möglich, wenn es innerhalb der Gemeinschaft zu einem grundlegenden Wandel im Wertebewußtsein kommt. Ohne diesen Wandel laufen materielle Hilfen und soziale Unterstützung ins Leere. Dieser Bewußtseinswandel betrifft an erster Stelle die Partner selbst. Sie sind verantwortlich für die Zeugung neuen Lebens. Hier möge es erlaubt sein, eine in der ganzen Diskussion fast nie genannte Frage zu stellen: 80% aller Schwangerschaftsabbrüche in Deutschland, das wären rund 200 000, werden mit Berufung auf persönliche und familiäre Notlagen durchgeführt. Diese Notlagen entstehen durch ungewollte Schwangerschaften. Warum und wodurch entstehen eigentlich so viele ungewollte Schwangerschaften, wenn man schon vorher weiß, daß man dadurch einen Konflikt herbeiführt, der dann zumeist zur Tötung menschlichen Lebens führt? Wäre es nicht richtiger, die Frage nach der Selbstbestimmung von Frau und Mann bei der Frage nach der Selbstverantwortung für die Zeugung neuen Lebens anzusetzen als bei der Frage nach der Selbstbestimmung zur Tötung menschlichen Lebens? Kann man sich so leicht aus der Verantwortung für das gezeugte Leben herausschleichen, daß man einfach erklärt, das Kind sei ungewollt und dürfe deshalb beseitigt werden?

III. Ausblick

Trotz dieser Rückfrage nach der verantworteten Elternschaft wird es auch weiterhin ungewollte Schwangerschaften geben. Die Frauen haben durchweg recht, wenn sie sich dann als die am meisten Betroffenen wiederfinden, betroffen durch Bedrängung des Partners, betroffen oftmals durch ihre Eltern und durch das gesellschaftliche Umfeld, betroffen durch schwere Beeinträchtigungen in Beruf und Arbeit, benachteiligt in allen möglichen Bereichen. – Ihr eventueller noch so guter Wille, ein ungewolltes Kind anzunehmen, es zur Welt zu bringen und für es zu sorgen, scheitert oft daran, daß sie alleingelassen oder gar bedrängt werden. Hier ist das gefragt, was ich die soziale Dimension der Verantwortung für den Schutz des Lebens genannt habe. Der Schutz des ungeborenen Lebens durch die Frau und mit der Frau schließt den Schutz der Lebensqualität des Kindes wie den Schutz der Lebensqualität der Frau ein.

Die ethische Frage nach der Verantwortung für das ungeborene Leben, das in erster Linie in die Verantwortung der Eltern fällt, schließt die ethische Frage nach der gesellschaftlichen Verantwortung für die Lebensqualität des Kindes, der Mutter und der Familie ein.

Die Statistik der Schwangerschaftsabbrüche sagt immer auch etwas aus über den Zustand der Gesellschaft: über ihre fundamentalen Werte, über ihre Einstellung zum Leben und zur Zukunft, über ihre tiefsten ethischen und religiösen Überzeugungen, über die Bereitschaft, diese Überzeugungen im Leben zu verwirklichen, über ihre Solidarität und über ihre Wirksamkeit zum Lebensschutz aller.

Unser Land befindet sich gegenwärtig in einem dreifachen Dilemma. *Erstens* in einem ethischen Dilemma: Einerseits besteht der Anspruch der Ethik darin, ihre normativen Aussagen als universal gültig zu verstehen. Andererseits herrscht ein ethischer Pluralismus, der in absehbarer Zeit nicht zu überwinden ist.

Zweitens in einem rechtlichen Dilemma: Einerseits muß die

74

Rechtsordnung dafür Sorge tragen, daß fundamentale Rechtsgüter nicht der Willkür preisgegeben werden, andererseits muß sie darauf bedacht sein, daß durch ihre Gesetze nicht die staatliche und gesellschaftliche Friedensordnung zerstört wird.

Drittens in einem politischen Dilemma: Einerseits müssen Politiker in Fragen, die ihr Gewissen betreffen, ihren Grundüberzeugungen folgen; andererseits müssen sie politische Entscheidungen treffen, die dem Pluralismus der Gesellschaft Rechnung tragen.

Wäre der Zustand unserer Gesellschaft, die – wie eingangs betont – gegenwärtig noch aus zwei Gesellschaften besteht, ethisch auch nur ein klein wenig besser, dann brauchten wir uns viel weniger um eine umstritten bleibende gesetzliche Neuregelung zur straffreien Tötung ungeborenen Lebens zu kümmern als um ein persönliches und soziales Engagement für ein lebenswertes Leben in einer humanen Gesellschaft. Wir wären dann immer noch keine ideale Gesellschaft, aber immerhin eine Gesellschaft, die ihre Kinder leben läßt und gerade darin ein Zeichen ihrer Hoffnung auf Zukunft setzt.

Johannes Gründel

Die Verantwortung für schwerbehindertes und für verlöschendes Leben
Theologisch-ethische Perspektiven

Menschliches Leben ist verdanktes Leben; es bleibt Geschenk – nicht nur von seiten der Eltern, die es bejaht haben, sondern auch von Gott, dem Ursprung allen Lebens. Dies ist gemeinsame christliche Überzeugung. Sie ins Gedächtnis zu rufen, erscheint heute besonders wichtig; denn menschlicher Erfindungsgeist und Technik haben es möglich gemacht, menschliches Leben schon am Beginn – bei seinem Zustandekommen – bis hin zu seinem Ende zu manipulieren. Wo liegen die Grenzen menschlicher Manipulation? Was darf der Mensch tun, was bleibt ihm verboten, wenn er sein Tun auch vor Gott und vor den Mitmenschen verantworten will?

Thema ist hier unsere Verantwortung für schwerbehindertes und für verlöschendes Leben. Es geht vor allem um die verschiedenen Möglichkeiten der Euthanasie. Zwar gilt bislang noch das strafrechtliche Verbot jeder aktiven Euthanasie in § 216 StGB. Doch bestehen heute ernsthafte Bestrebungen, diese Bestimmung des Strafgesetzbuches abzuändern und gewisse Ausnahmeregelungen vom Tötungsverbot gesetzlich zu verankern – ähnlich wie bei dem Verbot der Abtreibung.

Im folgenden möchte ich zum Problem der Euthanasie einschließlich der sogenannten »Früheuthanasie« bzw. auch zu den Grenzen der Behandlungspflicht bei schwerstgeschädigten Neugeborenen sowie zu den Bestrebungen einer rechtlichen Freigabe der Euthanasie einige theologisch-ethische Entscheidungshilfen geben.

I. Kirchen und Christen – Anwalt des Lebens und der Menschenwürde

Die 1989 herausgegebene Gemeinsame Erklärung der Evangelischen Kirche und der Deutschen Bischofskonferenz mit dem Titel »Gott ist ein Freund des Lebens« legt ausdrücklich ein Plädoyer für das behinderte menschliche Leben vor. Sie verlangt in besonderer Weise Hilfe und Zuwendung für jene Menschen, die nicht bloß körperlich, sondern auch geistig behindert sind. Besonders scharf wird jene Mentalität kritisiert, die eine vorgeburtliche Diagnose mit dem Schwangerschaftsabbruch derart koppelt, daß mit Blick auf das Leben von behinderten Menschen eine Selektion durch Tötung erfolgt. Ausdrücklich heißt es hierzu: »Die Gesellschaft könnte dahin kommen, daß sie behinderte Kinder überhaupt nicht mehr akzeptiert ... Für das Selbstverständnis der Behinderten wären die Folgen angesichts einer solchen Einschätzung durch die Mitwelt unabsehbar.«[1] Bezüglich des verlöschenden menschlichen Lebens wird klar betont: »Christen wünschen und wollen, daß es ein Sterben sei, das der Betroffene als die letzte Phase seines Lebens selbst lebt, nicht umgeht und nicht ausläßt. Aber da jeder den Umständen des Sterbens auch immer ausgeliefert ist, ist würdig zu sterben Gnade und eigenes Werk zugleich.«[2] Das Leben als solches und auch das Eintreten des Todes stehen nicht in der Verfügung anderer. »Keiner hat über den Wert oder Unwert eines anderen menschlichen Lebens zu befinden – selbst nicht über das eigene ... Daraus folgt: das Töten eines anderen Menschen kann unter keinen Umständen eine Tat der Liebe, des Mitleids mit dem anderen sein, denn es vernichtet die Basis der Liebe.«[3] Dies ist eine klare Position, mit der sich die christlichen Kirchen in unserer pluralen Gesellschaft zum Anwalt des Schutzes menschlichen Lebens und der Menschenwürde machen. Doch die

---

[1] Gemeinsame Erklärung des Rates der Evangelischen Kirche in Deutschland und der Deutschen Bischofskonferenz: »Gott ist ein Freund des Lebens«, Trier 1989, 100.

[2] Ebd. 100.

[3] Ebd. 106–107.

Problematik beginnt in dem Augenblick, wo entsprechende Werte mitsammen in Konkurrenz treten. Wer von einem deontologischen theologisch-ethischen Ansatz ausgeht, wonach der Schutz menschlichen Lebens als zentraler Wert gilt, und wer die daraus abgeleitete sittliche Norm bzw. das Tötungsverbot als ausnahmslos geltendes Verbot betrachtet, für den gibt es in dieser Frage keine grundsätzliche Diskussion. Es geht dann nur darum, dieses Verbot auf dem Hintergrund unserer Zeit mit theologischen, anthropologischen, psychologischen und gesellschaftlichen Gründen entsprechend plausibel zu vermitteln. Dieser deontologische Ansatz besagt eben, daß jede direkte Tötung unschuldigen Lebens »in sich schlecht« (intrinsece malum) ist und daß darum das Verbot der Tötung menschlichen Lebens ausnahmslos in Geltung bleibt – unabhängig davon, welche Folgen ein solches Verhalten auch nach sich zieht.

Schwieriger wird jedoch die Argumentation in dem Augenblick, wo ein anderer theologisch-ethischer Ansatz vertreten wird, dem wir heute als teleologischer Argumentation begegnen. Hier sind für die sittliche Bewertung sowohl die Zielsetzung wie die Folgen des Tuns entscheidend, wobei auch die Wege und Mittel zur Erreichung des Zieles mit in die ethische Bewertung einbezogen werden. Vor dem Hintergrund eines solchen Ansatzes stellt sich jedoch die Frage: Warum, aus welchen Gründen und unter welchen Umständen ist und bleibt die Tötung unschuldigen Lebens verboten, selbst wenn dies von dem Betreffenden – etwa einem unheilbar Kranken – ausdrücklich gewünscht wird oder wenn ein schwerstbehinderter Säugling kein einigermaßen humanes Dasein zu erwarten hat? Oder kann es in solchen Grenzfällen Ausnahmen geben? Eine andere mit zu beurteilende Frage ist, ob sich auch hier – ähnlich wie bei der strafrechtlichen Regelung der Abtreibung – zumindest für einzelne Fälle eine strafrechtliche Freigabe tolerieren ließe, was ja noch nicht einer sittlichen Erlaubnis gleichkäme. Diesen Problemen gilt im folgenden unsere Aufmerksamkeit.

II. Die neuzeitliche Wende zum Subjekt

Hier hat sich in den letzten Jahrzehnten in der ethischen Diskussion der Schwerpunkt verlagert. Die bereits mit der Neuzeit einsetzende Wende zum individuellen Subjekt schlägt sich nun in der ethischen Diskussion nieder. Heute nimmt im Bewußtsein der Menschen die Eigenentscheidung des als »mündig« erklärten Bürgers – in diesem Falle des Schwerkranken und Sterbenden – einen weitaus größeren Stellenwert ein als früher. Für den Arzt wird der Wille des Patienten zur entscheidenden, wenn nicht gar zur einzigen Handlungsregel. Diese Besinnung auf die Eigenentscheidung und Verantwortung des einzelnen Menschen, die ihm niemand abzunehmen vermag, ist eine Herausforderung: einerseits Chance für eine christlich konzipierte personale Verantwortungsethik, wie sie auch auf dem II. Vatikanischen Konzil in den Aussagen zur Gewissens- und Religionsfreiheit zum Ausdruck kommt, andererseits aber zugleich Gefahr für eine eindimensionale Wertung des rein subjektiven Urteils ohne hinreichende Orientierung an dem, was sittlich richtig ist.

Übrigens dürften wohl in keinem anderen demokratischen Land die Rechte des einzelnen Bürgers gegenüber dem Staat so ausdrücklich und differenziert festgehalten sein wie im Grundgesetz der Bundesrepublik Deutschland vom 23. Mai 1949. Diese Akzentuierung hat sicherlich die Anspruchshaltung des Bürgers gegenüber dem Staat verstärkt; oft wird vergessen, daß Ansprüche auch Pflichten mit sich bringen, die es gewissenhaft zu erfüllen gilt.

III. Bedrohung des Lebens durch Sinnverlust – Ruf nach Euthanasie

Menschliches Leben erscheint heute bedroht durch den Sinnverlust. In einer Gesellschaft, in der alles auf Leistung, Konsum und Funktionieren abgestellt wird, erscheinen Sinnfragen des Menschen als lästig und überflüssig. Sie werden überspielt von Verheißungen eines Konsumglücks. Wo sich aber unser Leben nur noch um Leistung oder Konsum dreht, bleibt keine Zeit und kein Raum mehr, einen Sinngehalt zu erfahren, um dessentwillen es sich lohnt zu leben. Im Streß und in der täglichen Betriebsamkeit kommt es schließlich zum Leistungsschwund, zur Müdigkeit. Der Mensch wird krank und flieht in eine psychedelische Traumwelt. Insofern der vom Sinnverlust bedrohte moderne Kranke auch ein Produkt unserer Gesellschaft ist, müssen wir gesellschaftskritische Fragen an die weithin verbreiteten Leitbilder unserer Gesellschaft stellen. Viktor E. Frankl weist darauf hin, daß es Krankheiten gibt, die in dem Gefühl der Sinnlosigkeit des Lebens ihren eigentlichen Grund haben: die psychogene und noogene Neurose.

Dies zu wissen ist für unseren Umgang mit Behinderten und für die Bewertung eines Tötungsverlangens eines Schwerkranken wichtig; denn wo Menschen in ihrem Leben keinen Sinn mehr erblicken, schwinden der Lebenswille und die Bereitschaft, solches Leben zu erhalten. Der Wunsch nach einer schnellen und schmerzlosen Beendigung solchen Lebens wird dann um so verständlicher.

Hinzu kommt: Unsere Krankenhäuser und Kliniken bieten heute beste technische Möglichkeiten, selbst in aussichtslos erscheinenden Krankheitsfällen das Leben schwerstbehinderter Säuglinge oder Schwerkranker zu verlängern. Soll hier wirklich alles in Anspruch genommen werden, soll Leben »um jeden Preis« – vielleicht auch nur um eine kurze Zeitspanne – verlängert werden?

Andererseits erwarten dies die Angehörigen vom Arzt – und dieser sieht sich vor der Aufgabe, auch alles nur mögliche zu tun, um Leben zu verlängern. Bestimmt zunehmend Mißtrauen die Beziehung zwischen Arzt und Patient, wird der Arzt seinerseits für den Patienten lieber zuviel als zuwenig tun, um nicht mit einer Klage wegen unterlassener Hilfeleistung rechnen zu müssen. Außenstehende erhalten aber dann den Eindruck, der Kranke werde zum Objekt ärztlicher Überdiagnostik; es werde mehr als unbedingt notwendig getan, der Sterbeprozeß werde nur verlängert. Angesichts eines solchen Eindrucks wird der Ruf laut, dem Menschen doch seinen ihm eigenen Tod zu gewähren, ihn sterben zu lassen oder sein Sterben zu beschleunigen.

Vor diesem Hintergrund erscheint es dann auch verständlich, daß von einer breiten Volksmeinung etwa das Verhalten des Arztes Dr. Hackethal, der dem Wunsch einer Schwerstbehinderten um direkte Beihilfe zum Tode entsprochen hat, gebilligt wird. Die hierzu in den Medien gezeigten Bilder verstärkten die Tendenz der Zustimmung zu aktiver Sterbehilfe; denn solches Leben erscheint doch nicht mehr als »lebenswert«.

IV. Der Wille des Patienten – oberstes Gesetz?

Der Mainzer Jurist Norbert Hoerster macht in radikaler Weise Ernst mit der in der Neuzeit sich abzeichnenden Wende zum Subjekt. Er sieht die Aufgabe des Arztes darin, dem Willen und Interesse des Patienten entsprechend zu handeln. War früher das Wohl des Kranken oberstes Ziel ärztlichen Handelns (Salus aegroti), so ist es heute der Wille des Kranken (Voluntas aegroti).

Hoerster sieht es als sinnvoll und human an, wenn der Arzt der Bitte eines schwerkranken Patienten um aktive Sterbehilfe entspricht. Zwar fragt auch er noch nach den »speziellen objektiven Begleitumständen« der Krankheit des Patienten und danach, »inwieweit er subjektiv in der Lage ist, seinem Leben trotz aller Leiden und Behinderungen alles in allem noch einen Sinn abzugewinnen«.[4] Wo aber »der betreffende Patient selbst sein weiteres Leben als nicht mehr lebenswert, als wertlos empfindet«, wo ein vorzeitiger Tod in seinem eigenen, wohlverstandenen Interesse liegt und der Wunsch des Patienten »in einem urteilsfähigen und ... in einem aufgeklärten Zustand

---

[4] *Norbert Hoerster*, Sterbehilfe – Tötung auf Verlangen. Ist unser Recht reformbedürftig? in: Universitas 46 (1991) 237–245, hier 239.

abgegeben« wurde,[5] hat der Arzt Sterbehilfe zu leisten. Die von Hoerster befürwortete Form der Sterbehilfe ist – wie er selbst betont – »an nichts anderem orientiert als an den eigenen Interessen der Betroffenen selbst«.[6] So unterbreitet er für eine strafrechtliche Neuregelung folgenden Gesetzgebungsvorschlag – es ist inzwischen sein dritter:

»Ein Arzt, der einen an einer unheilbaren, schweren Krankheit leidenden Menschen tötet, handelt nicht rechtswidrig, wenn der Kranke diese Tötung in einem urteilsfähigen und aufgeklärten Zustand wünscht oder wenn der Kranke, sofern nicht urteilsfähig, diese Tötung in einem urteilsfähigen und aufgeklärten Zustand wünschen würde.«[7]

Hoerster spricht von einem »Tabu des Tötungsverbots aus weltanschaulichen Gründen« – wer daran festhält, müsse auch die passive und indirekte Sterbehilfe ablehnen. »Wer dagegen das Interesse der betroffenen *Patienten* in den Mittelpunkt der Betrachtung stellt, für den besteht kein Grund, auch dann noch am allgemeinen Tötungsverbot festzuhalten, wenn dieses Patienteninteresse die Beendigung des Lebens geradezu erfordert.«[8]

Hier wird eines deutlich: Nachdem einmal das Tötungsverbot am Beginn menschlichen Lebens bereits durchbrochen wurde, ist es nur konsequent, wenn auch am Ende menschlichen Lebens für eine Tötung auf Wunsch (aktive Euthanasie) plädiert wird. Allerdings unterscheidet sich diese Tötung von der Abtreibung dadurch, daß bei letzterer die Schwangere bzw. die Eltern nicht für sich selbst, sondern für einen anderen Menschen – nämlich für ihr Kind – die Tötung fordern, da ihre für sie nicht zumutbar erscheinende persönliche Situation mit dem Leben des ungeborenen Kindes in Konkurrenz steht. Beim Verlöschen menschlichen Lebens geht es zunächst um den Todeswunsch des Patienten selbst.

Hoerster hat jedoch in seinem Gesetzgebungsvorschlag die Position dahingehend ausgeweitet, daß er ärztliches Handeln

---

[5] Ebd. 240–241.   [6] Ebd. 242 f.   [7] Ebd. 242.
[8] Ebd. 245. Vgl. hierzu auch Norbert Hoerster, Rechtsethische Überlegungen zur Freigabe der Sterbehilfe, in: Neue Juristische Wochenschrift 29 (1986) 1786–1792.

auch auf den nur vermuteten Willen eines Kranken, wenn dieser nicht mehr urteilsfähig ist, gründen möchte. Dies hat natürlich erhebliche Konsequenzen für den Umgang mit jenen Menschen, die geistig schwer behindert sind und niemals einen solchen urteilsfähigen Willen haben werden.

Die Wende zum Subjekt – wie sie sich mit der Neuzeit vollzogen hat – wird von Hoerster in eindimensionaler überzogener Weise zum Handlungsprinzip. Der Arzt ist nurmehr an den Willen des Patienten gebunden. Demgegenüber müßte man genauer sagen: »Voluntas aegroti secundum salutem aegroti«: Der Wille des Kranken ist Prinzip ärztlichen Handelns, soweit dieser Wille auch objektiv dem Heil des Patienten entspricht – unter Berücksichtigung der sozialen Gegebenheiten und Folgen, d. h. auch der dem handelnden Arzt zukommenden Verantwortung. Wir wissen aus der NS-Zeit, wie verhängnisvoll es ist, wenn sich Ärzte nurmehr zum Vollstrecker des Willens anderer machten und – wie etwa Dr. Mengele in Auschwitz – sich dazu hergaben, unter Berufung auf staatliche Anordnung ethisch nicht zu verantwortende Experimente, ja sogar Tötungshandlungen an wehrlosen Gefangenen vorzunehmen. Aber auch 1972 meinte auf einer Ärztetagung in Ost-Berlin ein Gynäkologe, Chefarzt eines Krankenhauses, daß nunmehr der Staat der DDR durch die erlassene gesetzliche Regelung der Abtreibung mittels der Fristenregelung den Ärzten die Entscheidung abgenommen habe.

In ähnlicher Weise tritt die Deutsche Gesellschaft für Humanes Sterben (DGHS) für eine aktive Euthanasie auf Wunsch des Patienten ein. Sie argumentiert in den von ihr herausgegebenen »Burgbernheimer Thesen zum humanen Sterben« (vom 27. März 1982) mit dem »Recht auf schmerzfreies Sterben«. Ausdrücklich heißt es: »Das Verfügungsrecht des Sterbenden über seine Person ist strikt zu respektieren und darf nicht im entferntesten gemindert werden.«[9] Konkreter aber werden die

---

[9] Die Thesen finden sich im Programmheft »Deutsche Gesellschaft für Humanes Sterben« (DGHS), Augsburg 1985.

Anliegen in den Punkten 2 und 3 der Zielsetzung der DGHS im einzelnen formuliert:»(2) Das freie Verfügungsrecht des Menschen über sein Leben, u. a. damit auch das Recht auf einen bei voller Zurechnungsfähigkeit gewollten Freitod. (3) Eine gesetzliche Regelung der passiven und aktiven Sterbehilfe, damit diese dem Bürger (Patienten) auf dessen Wunsch hin ohne Strafandrohung gewährt werden kann.«[10] Zunächst ist heute aufgrund einer guten palliativen Therapie weithin eine erhebliche Schmerzlinderung möglich. Abgesehen von der dem Strafgesetz zugrunde liegenden Werteordnung, die eine bewußte Tötung eines Schwerkranken verbietet, würde mit der strafrechtlichen Freigabe der aktiven Euthanasie gerade auf den empfindsamen schwerkranken Patienten ein sozialer Druck ausgeübt; fühlt er doch, daß er für seine Angehörigen wie für die Gesellschaft eine Belastung darstellt. Das müßte ihn innerlich dazu drängen, den Wunsch nach einer vorzeitigen Beendigung seines Lebens – aus»Mitleid« mit den anderen Menschen – auszusprechen.

V. Mitleid als Handlungsregel

Ein weitaus stärkeres Plädoyer für die Euthanasie gibt der australische Ethiker Peter Singer ab. Singer ist jüdischer Abstammung; sein Vater kam in Auschwitz ums Leben. In seiner »Praktischen Ethik« argumentiert Singer ganz und gar mit dem Mitleid.»Euthanasie« versteht er als eine dem Arzt zukommende Aufgabe, Menschen, die unheilbar krank sind und große Schmerzen haben, auf ihren Wunsch hin zu töten, um ihnen weitere Leiden zu ersparen.[11] Wo das Subjekt niemals die Fähigkeit erlangt, zwischen Leben und Sterben zu wählen, spricht Singer von»nichtfreiwilliger Euthanasie« – etwa in der Situation eines mißgebildeten Kindes oder eines älteren mensch-

[10] Ebd. 6.
[11] Peter Singer, Praktische Ethik, Stuttgart 1984, 179–180.

lichen Wesens, das seit Geburt geistig ernsthaft zurückgeblieben ist. Seiner Meinung nach läßt sich alles, was er für mißgebildete Säuglinge vorschlägt, »auch auf ältere Kinder oder Erwachsene anwenden, die auf der geistigen Reifestufe eines Kleinkindes verharren«.[12] Für Singer ist nicht die Zugehörigkeit zur menschlichen Spezies, sondern Rationalität, Autonomie und Selbstbewußtsein ausschlaggebend, ob getötet werden darf oder nicht. »Mißgebildete Säuglinge haben diese Eigenschaften nicht. Sie zu töten kann daher nicht gleichgesetzt werden mit dem Töten normaler menschlicher Wesen. Diese Schlußfolgerung beschränkt sich nicht auf Säuglinge ... kein Säugling – mag er nun mißgebildet sein oder nicht – hat im gleichen Maße Anspruch auf das Leben wie Wesen, die fähig sind, sich selbst als distinkte Entitäten zu sehen, die in der Zeit existieren.«[13]

Singer geht so weit, daß er mit dem Argument der »Ersetzbarkeit« oder Austauschbarkeit eine Tötung utilitaristisch begründen möchte. So schreibt er: »Sofern der Tod eines geschädigten Säuglings zur Geburt eines anderen Kindes mit besseren Aussichten auf ein glückliches Leben führt, dann ist die Gesamtsumme des Glücks größer, wenn der behinderte Säugling getötet wird. Der Verlust eines glücklichen Lebens für den ersten Säugling wird durch den Gewinn eines glücklicheren Lebens für den zweiten aufgewogen. Wenn daher das Töten des hämophilen Säuglings keine nachteilige Wirkung auf andere hat, dann wäre es nach der Totalansicht richtig, ihn zu töten. Die Totalansicht behandelt Säuglinge als ersetzbar, genauso wie ... nicht-selbstbewußte Tiere behandelt wurden.«[14]

Weiterhin schlägt Singer vor, daß etwa im Falle einer Hämophilie – an der ja nur männliche Wesen leiden, während weibliche nur das Gen weitergeben, ohne davon betroffen zu sein – die Schwangere mit Hilfe der Amniozentese frühzeitig das Geschlecht des Kindes feststellen solle. »Stellt es sich dabei heraus, daß der Fötus weiblich ist, dann ist alles gut; wenn nicht,

[12] Ebd.
[13] Ebd.
[14] Ebd. 183–184.

kann die Frau eine Abtreibung vornehmen lassen und es wiederum versuchen, bis sie ein Mädchen empfängt.«[15]

Konsequenterweise erweitert Singer die Euthanasie auch auf erwachsene Personen, die zwar einmal fähig waren, zwischen Leben und Tod zu wählen, inzwischen aber durch Unfall oder hohes Alter diese Fähigkeit verloren haben. Solche Wesen unterscheiden sich nach ihm kaum von behinderten Säuglingen. Sie sind nicht selbstbewußt, rational oder autonom.[16] Ein Verbot der freiwilligen Euthanasie erscheint ihm darum als nicht gerechtfertigt, da es eine Bevormundung des rationalen Menschen darstellt. Freiwillige Euthanasie sei richtig bei einer Person, die »an einem unheilbaren und schmerzhaften oder quälenden Zustand leidet«.[17] »Mißgebildete Säuglinge haben diese Eigenschaften nicht. Sie zu töten kann daher nicht gleichgesetzt werden mit dem Töten normaler menschlicher Wesen … Der Unterschied zwischen dem Töten eines mißgebildeten und eines normalen Säuglings liegt nicht in irgendeinem vorausgesetzten Recht auf Leben … Eltern können mit gutem Grund beklagen, daß ein behindertes Kind überhaupt geboren wurde. In diesem Fall kann die Wirkung, die der Tod des Kindes auf seine Eltern haben wird, eher ein Grund dafür als dagegen sein, das Kind zu töten.«[18]

Hier wird mit einem auf das Kind projizierten Selbstmitleid der Eltern argumentiert. Auch in der NS-Zeit wurden die Euthanasieprogramme mit dem Mitleid mit diesen armen Geschöpfen als »Gnadentod« dem Volk schmackhaft gemacht. Die Kategorie des Mitleids – sie stammt ja von Schopenhauer – ist ein fragwürdiger Berater für sittliches Handeln.

Die Tendenzen zu einer Früheuthanasie gehen jedoch wesentlich weiter. Bereits 1970 schlug der Engländer G. Leach vor, Säuglingen den Rechtstitel »Mensch« so lange vorzuenthalten, bis ihr Zustand nach sorgfältiger Untersuchung das Prädikat

[15] Ebd. 184.
[16] Ebd. 189.
[17] Ebd. 189.
[18] Ebd. 179–180.

»lebenswert« verdien.[19] Auch der amerikanische Theologe Joseph Fletcher plädierte für die Tötung schwer mißgebildeter Säuglinge.

Im übrigen erscheint überhaupt der Begriff der Euthanasie dem Mißbrauch ausgesetzt, wenn er nicht nur im Zusammenhang mit Sterbenden, sondern auch bei Behinderten verwendet wird. Nach christlichem Verständnis ist jeder Mensch – unabhängig von seiner Gesundheit und von der Entwicklung seiner Rationalität und Leistungsfähigkeit – Abbild des dreifaltigen Gottes und durch Jesus Christus zum Heil berufen. Er besitzt damit eine unverlierbare Würde. Diese theologische Aussage hat auch unser Verhalten gegenüber dem schwerstbehinderten und dem verlöschenden Leben zu bestimmen.

Es gibt heute zwar durchaus eine zunehmende Bereitschaft, behindertes Leben in unsere Gesellschaft zu integrieren. Noch stärker ist dieses Entgegenkommen für Kinder und Behinderte in den romanischen Ländern. Gleichzeitig aber schwindet angesichts der Möglichkeiten einer verbesserten Diagnostik bei uns die Bereitschaft, behindertes Leben – vor allem, wenn es um geistige Behinderung geht – anzunehmen. Die Möglichkeit der genetischen Indikationsstellung läßt es geradezu als selbstverständlich erscheinen, vor der Geburt des Kindes bei Vorliegen einer Behinderung den Abbruch einer Schwangerschaft zu fordern. Dahinter mag vielleicht eine alte archaische Furcht des Menschen vor seiner eigenen Mißgestalt liegen. Ein gewisser sozialer Druck zu einem leidfreien Leben, zur Verhütung von Leiden, von Zumutungen und Belastungen jeglicher Art bestimmt menschliche Erwartung. Wo sich Ärzte einem solchen Druck beugen oder dem einschlägigen Wunsch von Patienten einfachhin willfährig sind, geht ärztliches Ethos verloren und werden sie zu Handlangern einer Gesellschaft, die schnell eine schiefe Ebene zum Inhumanen betreten kann; die Geschichte kennt hierfür hinreichend Beispiele. Aber auch wir alle sind

---

[19] G. Leach, Medizin ohne Gewissen, München 1970, 225.

gefragt, ob wir in unserem Reden und Verhalten solchen Tendenzen Vorschub leisten.

VI. Grenzen der Behandlungspflicht

Die neuen Möglichkeiten pränataler Diagnostik und pränataler Chirurgie und Therapie haben in verschärfter Form die Frage nach den Grenzen einer Behandlungspflicht, ja nach einem Sterbenlassen oder gar nach einem Abbruch der Schwangerschaft bei schwerster Behinderung eines kindlichen Fetus aufgeworfen. Etwa 3% aller Neugeborenen besitzen heute irgendeine Fehlbildung, wobei ein Teil der erworbenen Behinderung schon vor der Geburt festgestellt wird. Dennoch ist auch bei der pränatalen Diagnose das häufigste Ergebnis die Bestätigung der Normalität.

Heute bedarf es großer Wachsamkeit, damit die Möglichkeiten der pränatalen Diagnostik nicht als Methode für einen selektiven Abort behinderten Lebens ausgenutzt werden. Dies würde dem im GG Art. 2 n. 2 garantierten Recht auf Leben und körperliche Unversehrtheit eines jeden Menschen widersprechen. Gerade Behinderte sind hier mit Recht heute sehr sensibel; fürchten sie doch, daß mit einer »Kosten-Nutzen-Rechnung« durch den Hinweis auf die gesellschaftliche Belastung, die ein Behinderter darstellt, der Trend zum Abbruch einer genetisch indizierten Schwangerschaft noch verstärkt wird. Sicherlich kann es hier Situationen geben, wo sich eine Schwangere aufgrund der diagnostizierten schweren Behinderung ihres Kindes in einer solch ausweglosen Situation wähnt, daß sie nur den Abbruch der Schwangerschaft als einzige Möglichkeit sieht; hier mag die Schuld der Betreffenden entsprechend gemindert oder gänzlich aufgehoben sein. Doch damit ist noch nicht grundsätzlich ein solches Tun objektiv gerechtfertigt. In diesem Sinne gibt es kein »Recht auf ein gesundes Kind«, so daß man ein krankes oder schwer behindertes nicht anzunehmen brauchte.

Etwas anderes ist es, wenn es um die Grenzen der ärztlichen

Behandlungspflicht bei schwerstgeschädigten Neugeborenen geht. Hierzu wurde auf dem 1. Einbecker Expertengespräch vom 27.–29. Juni 1986 eine Empfehlung der *Deutschen Gesellschaft für Medizinrecht* vorgelegt. Darin wird u. a. betont, daß es Fälle gibt, in denen der Arzt die medizinischen Behandlungsmöglichkeiten nicht ausschöpfen muß. Dies könnte dann der Fall sein, wenn das Leben »nicht auf Dauer erhalten werden kann, sondern nur der sichere Tod hinausgezögert wird« (z. B. bei inoperablem Herzfehler), wenn »es trotz der Behandlung ausgeschlossen ist, daß das Neugeborene jemals die Fähigkeit zur Kommunikation mit der Umwelt erlangt« (z. B. schwerste Hirnschädigungen) oder wenn »die Vitalfunktionen des Neugeborenen auf Dauer nur durch intensivmedizinische Maßnahmen aufrechterhalten werden können« (n. V, 1–3). Ausdrücklich wird jedoch betont, daß der Abbruch einer lebenserhaltenden Maßnahme nicht gerechtfertigt erscheint, wenn dem Neugeborenen ein Leben mit Behinderungen bevorsteht, das diesen Schweregraden nicht entspricht (n. VII). Selbst »wenn eine Verpflichtung zu lebenserhaltenden Maßnahmen nicht besteht, muß der Arzt die Basisversorgung des Neugeborenen aufrechterhalten«.[20]

Demgegenüber muß für die ärztliche Entscheidung festgehalten werden: Eine qualitative Bewertung von menschlichem Leben im Sinne von »lebenswert« und »lebensunwert« bleibt uns untersagt. Dennoch ist das leibliche Leben des Menschen kein Höchstwert. Die Forderung, menschliches Leben »um jeden Preis« zu erhalten, wäre eine Verabsolutierung, der der Christ nicht beipflichten kann. Hier liegen die Grenzen des ärztlichen Heilsauftrags. Insofern ist nicht jede Form einer Verlängerung menschlichen Lebens auch Ausdruck eines hohen ärztlichen oder pflegerischen Ethos. Die Erhaltung oder Wiederherstellung der Gesundheit stößt nämlich dort an ihre Grenzen, wo ein Tun nicht mehr als sinnvoll erscheint.

---

[20] Veröffentlichung dieser Einbecker Empfehlung der Deutschen Gesellschaft für Medizinrecht, in: Geburtshilfe und Frauenheilkunde 46 (1986) 665–666.

Leben ist darum nur so lange künstlich zu verlängern, als noch Hoffnung auf Gesundung besteht oder auf seiten des Patienten wenigstens ein Mindestmaß an Interaktion und Wahrnehmung gegeben ist. Wo menschliche Kommunikation in keiner Weise mehr zu erwarten ist – bei irreversibler Bewußtlosigkeit, vorausgesetzt, daß die Diagnose abgesichert ist –, verlieren lebensverlängernde Maßnahmen ihren Sinn.

VII. Grundsätze für den Schutz erlöschenden Lebens

(1) Der Schutz menschlichen Lebens wird sich bei einem Schwerkranken und Sterbenden vornehmlich in der Begleitung dieser Patienten ausdrücken. Der zum Tode Erkrankte besitzt einen Anspruch auf Sterbehilfe in der Weise, daß er über den Ernst seiner Lage nicht hinweggetäuscht werden darf. Ihm ist jede menschliche Hilfe zur Bewältigung dieser letzten Phase seines irdischen Lebens zu gewähren (reine Euthanasie oder Begleitung beim Sterben).

(2) In aussichtslosen Fällen jedoch sollten Ärzte durchaus den Mut haben, »der Natur ihren Lauf zu lassen« und im Terminalstadium der Bitte des Patienten um Einstellung der Behandlung entsprechen. Das ist etwas anderes als die aktive Euthanasie. Hier stehen das Selbstbestimmungsrecht des Patienten und die Garantenpflicht des Arztes in Konflikt. Ein solches Selbstbestimmungsrecht setzt auch eine entsprechende Freiheit des Betreffenden voraus. Sie dürfte – besonders in Situationen schwerer Schmerzen und großer Angst – wesentlich eingeschränkt sein. Nur wo noch ernsthaft Chancen bestehen, ein Leben zu retten, wird der Arzt diese Chance ergreifen – gegebenenfalls auch gegen ein entgegenstehendes Patiententestament.

Doch wo eine weitere Intensivtherapie lediglich den Sterbeprozeß verlängert, erscheint die vorausberechnete Unterlassung oder der Abbruch einer Behandlung sittlich verantwortbar (passive Euthanasie), selbst wenn dabei der Arzt durch »aktives Tun«, d. h. durch Abschalten der Geräte, »tätig« wird. Ein solches Tun wäre ethisch als »passive Euthanasie« zu bewerten. Der Arzt läßt nur »der Natur ihren Lauf«. In Einzelfällen wird für den Arzt die Grenze zwischen notwendiger künstlicher Lebenserhaltung und einer sinnlos gewordenen Behandlung schwer erkennbar sein.

(3) Bittet jedoch ein Patient ausdrücklich um Sterbehilfe im Sinne einer aktiven Euthanasie, so kann dieser Bitte nicht entsprochen werden. Sie mutet dem Arzt »Beihilfe zur Tötung« zu. Ein solches Ansinnen dürfte auch nur eingeschränkt als »freier Entschluß« gewertet werden, da es eher Ausdruck der Lebensmüdigkeit oder einer Vereinsamung ist und einem Ruf nach stärkerer menschlicher Zuwendung gleichkommt. Eine indirekte Euthanasie aber wäre dort vertretbar, wo der Arzt einem unheilbar Kranken seine Schmerzen durch Mittel zu erleichtern versucht, die – gewissermaßen als Nebeneffekt – eine Beschleunigung des Todes mit sich bringen.

(4) Zur Wahrheit am Krankenbett gehört das Bewußtsein, daß das irdische Leben nicht alles ist. Christlicher Glaube bietet eine Sinn- und Wesensdeutung des Todes an, die dem Menschen auch über den Tod hinaus noch Hoffnung vermittelt. Der Tod bleibt zwar unbegreiflich wie Gott. Nach christlichem Verständnis aber bringt er den Menschen vor Gott als den eigentlichen Urheber allen Lebens. Unsere Lebensgeschichte mündet also nicht ins Nichts, sondern in einem personalen Du, dessen Existenz im Raum der Empirie nur erahnt und geglaubt werden kann. Wer eine solche Sicht des Todes annimmt, kann auch den Tod in dem Sinne zur Tat machen, daß er das unbegreiflich Verfügte annimmt und selbst noch im Tode einen letzten Sinn zu erblicken vermag. Im Antlitz des Sterbenden aber begegnet dem, der sich auf eine Begegnung mit dem Schwerkranken einläßt, auch die für ihn noch ausstehende Wirklichkeit seines eigenen Sterbens. Wer sich gerade in einer solchen Situation des anderen annimmt, bezeugt, daß er in der Lage ist, sich selbst als sterblichen Menschen anzunehmen und im »Angesicht des

Todes« zu leben. Damit eröffnet sich für ihn eine letzte Dimension der Wirklichkeit: die Hoffnung, daß der Tod nicht das letzte Wort, sondern Preis für neues Leben, Durchgang zu einem Leben in Fülle ist, wie uns dies christlicher Glaube verheißt.

Hans-Bernhard Wuermeling

Töten oder sterben lassen?
Die Verantwortung des Arztes

Töten und Sterbenlassen haben mit dem Tod zu tun, und mit dem mag nun der Arzt traditionellerweise einmal nichts zu tun haben, geschweige denn mit der Verantwortung dafür. Vielen mag das verwunderlich sein. Es fördert aber das Verständnis für unsere ärztliche Unsicherheit, die auch heute das Verhältnis des Arztes zum Tode beherrscht, wenn man sich vergegenwärtigt, daß die Behandlung Unheilbarer und Sterbender den Ärzten jahrhundertelang verpönt, ja geradezu verboten war. Die hippokratischen Ärzte kannten nämlich nicht nur das im hippokratischen Eid formulierte Tötungsverbot, sondern sie durften sich darüber hinaus mit Unheilbaren und Sterbenden überhaupt nicht beschäftigen. Das folgte aus ihrem Verständnis der Heilkunde – wo es nichts zu heilen gab, hatten sie nichts zu suchen –, und das folgte aus der Notwendigkeit der Wahrung des immer gefährdeten Ansehens ihres Standes. Denn wenn sich der Arzt mit Leuten, die dann starben, beschäftigte, kam er in den Ruf oder Verruf, sich an diesen nur bereichern zu wollen, ohne ihnen helfen zu können.

Das Christentum hat die Nichtbeschäftigung des Arztes mit Unheilbaren und Sterbenden nicht unmittelbar verändert. Es aktivierte andere Berufe, sich der Unheilbaren und Sterbenden anzunehmen. Die Orte, in denen das geschah, die Hospitäler, waren keine ärztlichen Arbeitsstätten. Wir verfügen beispielsweise aus unseren Nürnberger Hospitälern für viele Jahrzehnte über die genauen Kontobücher, weil die Schweden sie nach Uppsala verschleppt haben und man sie dort jetzt in der Universitätsbibliothek einsehen kann. Darin sind minutiös alle Ausgaben verzeichnet, aber nirgendwo taucht auch nur ein Pfennig für einen Arzt auf. Der hatte dort nichts zu suchen.

Ein anderes Beispiel dafür, daß der Arzt mit dem Tod nichts zu tun hatte, findet sich in der »Utopia« von Thomas Morus, in der er sich über Euthanasie äußert. Es ist dort die Rede davon, daß derjenige Kranke, der sich selbst und seine Krankheit überlebt hat, bei den Priestern und bei den Beamten eine Beratung einholen soll: ob er nun ein solcher sei, der sich und seine Krankheit überlebt habe und der sich deswegen durch Verhungern töten oder sich einschläfern lassen dürfe. Wichtig ist dabei nicht die Aussage zur Euthanasie, über die vieles zu sagen wäre, sondern wichtig ist dabei, daß man offensichtlich gar nicht auf die Idee kommt, Ärzte als Sachverständige für eine solche Situation beizuziehen, sondern Beamte und Priester.

Es waren erst die Ärzte der philanthropischen Bewegungen des beginnenden 19. Jahrhunderts, die, vor kaum zweihundert Jahren, verlangten, man solle das Können und das Wissen der Medizin doch auch in den Dienst der Unheilbaren und Sterbenden stellen. Die Veröffentlichungen, die damals erschienen, begannen regelmäßig mit Entschuldigungen: daß man sich mit so etwas wie Sterbehygiene beschäftige, sei allem ärztlichen Brauch zuwider, und die Kollegen mögen sich doch mit ihrer Verurteilung einer solchen unziemlichen Tätigkeit zurückhalten. Man wolle ja nur das Gute für die Patienten, und die Medizin habe ja schließlich etwas zu bieten. Man schreibt darüber, ob beim Sterbenden das Fenster offen oder zu sein soll, ob Besuch kommen soll oder nicht, ob der Patient etwas zu trinken bekommen soll und was er essen soll, wie man die Hygiene betreiben soll, welche Gespräche die Angehörigen führen sollen und vieles andere mehr. Ganz am Rande und vorsichtig wird eine Pharmakotherapie des Sterbenden beschrieben. Das Medikament, das man damals gab, war der Theriak, eine opiumhaltige Mischung. Opium konnte natürlich mit der Atemdepression und mit der Darmlähmung auch zur Lebensverkürzung beitragen. Es hat damals einen langen Streit gegeben, ob in Kauf genommen werden dürfe, zur Linderung von Schmerzen oder Leiden Opium zu geben und damit das Leben eventuell zu verkürzen. Die Frage ist inzwischen längst und einfach entschieden.

Jene Entschuldigungen der Autoren des frühen 19. Jahrhunderts verhinderten aber nicht, daß an ihnen, die sich mit Sterbenden und Unheilbaren beschäftigen wollten, Kritik geübt wurde. Einer der prominentesten Kritiker ist Hufeland gewesen. Er unterstellte den Ärzten, die sich mit Sterbenden beschäftigen wollten, eine sicher beste Gesinnung und moralische Qualität, aber sie seien doch in der Versuchung, bei solcher Behandlung über Wert oder Unwert eines menschlichen Lebens ein Urteil abzugeben. Sie seien in der Versuchung, eine Linie breit von dem Verbot des Tötens abzuweichen. In dem Augenblick, in dem der Arzt dies tue, nämlich nicht nur Leiden mindere, sondern auch töte – sei es in Kauf genommen, sei es gewollt –, in diesem Augenblick werde er – so schrieb Hufeland 1824 – zum gefährlichsten Mann im Staate; wenig mehr als hundert Jahre später war dies schreckliche Wirklichkeit geworden.

Wie berechtigt die Kritik oder die Mahnung Hufelands zur Vorsicht war, zeigt die Literatur der Jahrhundertwende mit ihren Forderungen nach dem Recht des Kranken auf den Tod, die schließlich in der 1920 erschienenen Schrift des Juristen Binding und des Psychiaters Hoche gipfelte: »Die Vernichtung des lebensunwerten Lebens. Ihr Maß und ihre Form.« Maß und Form, das war der Beitrag des Juristen, der hier befürchtete, wenn ein Stein aus der Mauer des Tötungsverbotes gerissen werde, dann breche alles zusammen. Der primitive Nationalsozialismus setzte diese Ideen in primitivster Weise in die uns alle heute noch beschämende Tat um. Danach meinten wir auf Dauer von der Versuchung zur Tötung lebensunwerten Lebens und der unliebsamen Diskussion darüber befreit zu sein. Doch sind wir auf zweierlei Weise erneut damit konfrontiert – mit dem Töten nämlich und mit dem Lebensunwert.

Zunächst zum Töten. Außerhalb Deutschlands findet sich eine ungebrochene Fortsetzung der Forderung nach Tötung auf Verlangen, weniger nach der unverlangten Tötung lebensunwerten Lebens. Vom Ausland her dringen die Forderungen dieser Art in unsere Diskussionen immer wieder ein. Sei es, daß Julius Hackethal die Forderung nach »Mitleidstötung als Patientenrecht und Arztpflicht« aufstellt, so der Untertitel eines seiner Bücher, sei es, daß die holländische Praxis der Tötung auf Verlangen mit staatlicher Duldung und staatlicher Regelung sich auf unser Land auswirkt, sei es, daß aus der angelsächsischen ethischen Wissenschaft in deutscher Übersetzung ganz unverhüllt die Lehre von der Heiligkeit und Unantastbarkeit des Lebens angegriffen wird, nämlich in der im Reclam-Verlag herausgekommenen »Praktischen Ethik« von Peter Singer, der sagt, daß es zwischen Töten und Sterbenlassen keinen moralischen Unterschied an sich gebe, das heißt: »Es gibt keinen Unterschied, der lediglich von der Unterscheidung zwischen Handlung und Unterlassung abhinge.« Das bedeute nicht, daß alle Fälle vom Sterbenlassen dem Töten moralisch äquivalent seien. Andere Faktoren äußerer Art fielen manchmal ins Gewicht – das wird dann weiter diskutiert. Sterbenlassen aber, passive Euthanasie, so stellt Singer fest, wird in bestimmten Fällen bereits als eine menschliche und angemessene Handlungsweise akzeptiert. Und jetzt kommt die Konsequenz, die uns ja allen so leicht eingeht: Wenn es nämlich zwischen Töten und Sterbenlassen keinen moralischen Unterschied an sich gibt, so Peter Singer, dann sollte aktive Euthanasie ebenfalls als unter bestimmten Umständen menschlich angemessen akzeptiert werden.

Für uns Ärzte ist es schwierig, die Gefahr einer solchen Argumentation zu durchschauen. Gewohnt einzugreifen, fühlen sich Ärzte dazu gefordert, ja moralisch verpflichtet. Nichteingreifen ist gleich Tod – so meinen sie jedenfalls oft –, also soviel wie Töten. Diese Argumentation von Singer, die sittliche Nichtunterscheidung von Handlungen durch Tun und Handlungen durch Unterlassen, liegt den Ärzten von ihrer ganzen Mentalität her nahe. Es entspricht dies ihrem Heilungsoptimismus.

Der Heilungsoptimismus mag dargestellt sein an einem Beispiel vom Gründungsort der Münchener Medizinischen Fakultät, nämlich Ingolstadt. Dort steht heute noch der Hörsaal, das Theatrum anatomicum (Medizinisch-historisches Museum).

Zwischen diesem Hörsaal und dem Botanischen Garten hatten die Gründer der Medizinischen Fakultät ein Monument angebracht, einen Grabstein, auf dem in lateinischer Sprache in Erinnerung an klassische Vorbilder stand: »Wanderer, kommst du hier vorüber, so gedenke dessen, der hier begraben liegt, des Todes.« Wir, die Begründer der Medizinischen Fakultät, haben ihn hier zur letzten Ruhe gebettet zwischen Diagnose, Theatrum anatomicum, und Therapie, dem Botanischen Garten.

Das war also die Art, wie wir mit der naturwissenschaftlichen Medizin angetreten sind, nämlich fest im Glauben und in der Hoffnung, den Tod besiegen zu können. Und wer dabei nicht tut, wer hier unterläßt, was hier zu tun ist, der tötet eben, der ist mit dem Tod im Bunde.

Die Unterscheidung von Handlungen durch Tun und Handlungen durch Unterlassung ist ja nicht nur für uns Ärzte, sie ist selbst für die Juristen schwierig. Sie unterscheiden echte und unechte Unterlassungsdelikte, und für die letzteren bedarf es noch des Verständnisses der Garantenfunktion.

Letztlich steckt aber hinter der Nichtunterscheidung von Handlungen durch Tun und Handlungen durch Unterlassung der Anspruch, für alles verantwortlich zu sein, ein Anspruch, der angesichts unserer begrenzten Handlungsmöglichkeiten und des schließlichen Todes eines jeden uneinlösbar ist. Und letztlich steckt dahinter die Unfähigkeit, etwas geschehen zu lassen, dem nur moralische Gründe entgegenstehen.

Ich habe vor kurzem im Oratorium von San Quattro Coronati alte Fresken gesehen, die die Vita des Kaisers Konstantin darstellen. Dieser Kaiser wird auf zweien der Bilder mit offensichtlichen Flecken im Gesicht gezeigt, ja nicht nur im Gesicht, sondern auch auf der übrigen sichtbaren Haut, also im Bereich der Hände. Es ist ganz eindeutig, daß es sich dabei nicht um Alterungsprozesse am Bild oder um ein Versehen des Künstlers handelt. Es wird vielmehr absichtsvoll gezeigt: der Kaiser hat Male im Gesicht. Diese Male konnten nichts anderes sein als die Lepra oder der Aussatz. Ein Kaiser mit Aussatz ist aber nicht mehr in der Lage, das Reich zusammenzuhalten.

Deswegen stehen hinter ihm seine drei Ärzte mit besorgten Gesichtern, ratlos. Sie wissen nicht, was sie tun sollen; denn ihnen ist ja nicht nur das Leben dieses Mannes, sondern mit ihm das Wohl des gesamten Reiches anvertraut. Sie müssen handeln, und, so sagt die Legende, das einzige und letzte Mittel, was man überhaupt noch zur Behandlung der Lepra anwenden könne, sei, den Kaiser im Blut von Kindern zu baden. Schon sieht man auf der rechten Seite des Bildes die Sklavinnen, die mit ihren Kindern herbefohlen wurden. Sie stehen ebenfalls mit ernsten Gesichtern da, denn sie wissen: es geht nicht um eine Blutspende, sondern es geht um das Leben dieser Kinder. Und vor diesen Kindern sieht man einen kleinen Mann in betender Haltung stehen, nicht zum Kaiser hin, sondern in die andere Richtung. Die Legende sagt, dies sei Sylvester gewesen, Zeitgenosse Konstantins, der spätere Papst und Heilige des letzten Kalendertages, der zu Gott betet: »Erleuchte doch den Kaiser, daß er dies nicht tun darf.« Beim Kaiser sieht man bereits die die Sklavinnen beruhigende Handbewegung. Er lehnt es ab, für seine Person dieses Mittel in Anspruch zu nehmen, was zwar nach der Auffassung seiner Ärzte ein wirksames ist und ihm sicher helfen soll. Aber es sind sittliche Gründe, nämlich das Verneinen der Möglichkeit des Menschenopfers, die ihn davon abhalten, dieses Mittel tatsächlich in Anspruch zu nehmen. Hier ist eine innere »konstantinische Wende« im Gang, die zeigt, daß Ziel, Zweck und Erfolg allein nicht alle Maßnahmen rechtfertigen, sondern daß es andere Grenzen des Handelns gibt, sittliche Grenzen des Handelns, in diesem Fall das Tötungsverbot.

Schwieriger und ernster ist eine zweite Versuchung, in die wir in der Medizin heute wegen der Begrenztheit unserer Mittel geraten. Diese bringt nämlich schlimmerweise den Lebenswert erneut in die Diskussion, jene Diskussion, die wir überwunden geglaubt haben. Bisher hat unser Sozialversicherungssystem praktisch alles das, was notwendig war, leisten können, und bisher brauchten wird nach der Begrenztheit unserer Mittel nicht zu fragen. Dieses Sozialversicherungssystem ist aber an den Grenzen seiner Leistungsfähigkeit angekommen, teils durch den

Fortschritt der Medizin, der die Menschen älter werden läßt, teils durch das größere Angebot an Möglichkeiten der Behandlung, die auf Dauer die wirtschaftlichen Grenzen dessen, was uns zur Verfügung steht, überschreiten. In den Vereinigten Staaten hat man deswegen die Frage des Zugangs zu den medizinischen Möglichkeiten bisher schon differenzierter bedacht und kam dabei zu unbequemen Schlüssen. Hierzulande begnügt man sich gerne mit der Feststellung, daß jeder das Recht auf Leben habe, und dieses Leben sei unabhängig davon, ob man arm sei oder reich, alt oder jung, schwarz oder weiß, ob man ein verdienter Mensch sei oder Verdienste erst vor sich habe, und es folge daraus, daß einem jeden auch die medizinischen Mittel zur Erhaltung des Lebens im gleichen Maße zustehen.

Wie kommt man aber angesichts der Tatsache, daß man dieser Maxime nicht mehr immer folgen kann oder nicht mehr immer wird folgen können, weiter? Ethisch ist festzustellen, daß es sich beim Recht auf Leben und beim Recht auf Medizin um zwei Rechte sehr verschiedener Art handelt.

Das erstere, das Recht auf Leben, ist zunächst ein Defensivrecht, ein Abwehrrecht. Niemand darf mir mein Leben nehmen, also mich töten. Damit sind Handlungen gemeint, die von Tätern begangen werden, die mich erschießen oder erhängen oder vergiften oder sonstwie aus dem Leben befördern wollen. Mein Recht auf Leben bedeutet für sie, daß sie mich nicht töten dürfen. Darum nennen wir es Defensivrecht oder Abwehrrecht.

Ein Recht auf Leben aber in einem viel weiteren Sinne, das mir auch die Mittel zum Leben zugesteht, erforderlichenfalls auch Medizin, ist anderer Art. Es *ver*bietet nicht Tötungshandlungen, sondern es *ge*bietet anderen, mir zur helfen, wenn ich hungere oder friere oder krank oder pflegebedürftig bin. Die Quelle und der Grund dieser Art Lebensrecht, also der Anspruch auf Teilhabe an dem, was die Natur bietet und was die Menschen erwirtschaften, liegt in dem Gebot der Solidarität, zu der die Menschen untereinander verpflichtet sind. Die Verfassung weist bei uns darauf hin mit der Feststellung, daß die Bundesrepublik ein sozialer Rechtsstaat sei. Das garantiert dem einzelnen die

Dr. Helmut Ruhwandl
Pfarrer an St. Markus, Dekan
Gabelsbergerstraße 6
80333 München

Teilhabe an den Gütern und Errungenschaften einer Gesellschaft und garantiert auch die Hilfe in Notlagen, etwa bei Krankheit.

Der wichtigste Unterschied dieser beiden Arten von Lebensrecht im engeren Sinne – also des Rechtes, nicht getötet zu werden, und des Lebensrechts im weiteren Sinne, nämlich der Teilhabe an den Lebensmöglichkeiten – ist der, daß das Recht, nicht getötet zu werden, ein absolutes ist. Es gilt jederzeit und unter allen Umständen. Das Recht auf die Mittel zum Leben ist dagegen immer ein relatives. Es gilt immer nur den Umständen und den Verhältnissen entsprechend. Es gilt immer nur, soweit Ressourcen da sind. Es gilt nur den Möglichkeiten entsprechend und nur dem Verpflichtungsgrad des Handelnden entsprechend.

Mit dieser Feststellung verbieten wir uns aber, den einfachen Satz »Jeder hat das Recht auf Leben« unbesehen auch auf das Recht auf Medizin anzuwenden. Damit aber bringen wir uns in eine Schwierigkeit, die wir gern schweigend übersehen hätten. Da nämlich die zur Verfügung stehenden Mittel und Möglichkeiten der Hilfe zum Leben immer knapp sind, erhebt sich die Frage nach ihrer gerechten Verteilung, also nach der Verteilungsgerechtigkeit. Keinen Unterschied soll man machen nach arm und reich und alt und jung, nach verdient oder unverdient. Jeder soll, unabhängig vom Wert seines Lebens, über den wir ja nach Hufeland als Ärzte gar nicht urteilen dürfen, in gleichem Maße und in gleicher Weise Anspruch haben.

Nur ist dies leichter gesagt als getan. Die Amerikaner haben das in einer leidvollen Diskussion erfahren, die nur scheinbar zu einem Ende gekommen ist. Ich erwähne nur die Geschichte des Non-Discrimination-Act. Kinder waren mit Mißbildungen geboren worden und nicht behandelt worden. Die Invalidenverbände in den Vereinigten Staaten haben sich mit Macht dagegen gewehrt. Die Bundesregierung hat dann gesagt, eine solche Diskriminierung sei verboten, und versucht, diese mit Sanktionen zu verhindern. Das klappte nicht so richtig. Man hat dann versucht, Formeln zu finden, wann nun Hilfe zu gewähren ist und wann sie auch zurückgehalten werden darf. Der Surgeon General machte dann der Diskussion nach langem Hin und Her ein Ende und sagte, jeder habe das Recht auf das »medizinisch für ihn Notwendige«, und kehrte damit die ethischen Schwierigkeiten sozusagen unter den Teppich. Er tat das gleiche, wie wir es im Falle eines Massenunfalles oder einer Massenkatastrophe oder auch im Kriegsfalle versuchen, wenn ein massives Mißverhältnis zwischen der Zahl der Hilfebedürftigen und den möglichen Ressourcen besteht. In einem solchen Falle nehmen wir dann eine »Stufung« vor. Wir bilden Gruppen von Patienten, die die sofortige Behandlung nötig haben und sie auch bekommen müssen, diejenigen, die man sofort irgendwohin transportieren muß, wo man sie besser behandeln kann, diejenigen, die man wegschickt, weil sie sich selber behandeln können, und diejenigen schließlich, die man nicht behandelt, weil es mit den beschränkten Mitteln keinen Zweck hat. Man versucht die Entscheidung rein nach medizinischen Gesichtspunkten vorzunehmen. Im Katastrophenfall, wenn im einzelnen gar nicht so viel nachgedacht werden kann, reicht das auch aus. Aber nur praktisch sind diese Probleme so lösbar, daß dabei nur medizinische Kriterien angewendet werden. Theoretisch bleiben doch problematische Reste, die insbesondere dann offenbar werden, wenn die Situation generalisiert gesehen wird und generell eine Knappheit der Mittel vorhanden ist. Wir sprechen dann von sozialer Triage (Aussonderung). Spätestens dann wird die Frage nach der Ökonomie angewandter Maßnahmen, d. h. nach dem Preis für – und jetzt kommt das schreckliche Wort wieder – Lebenswert, gestellt werden müssen. Das ist ein für uns ausgesprochen peinlicher Zustand, da wir ja Fragen nach dem Lebenswert wegen der Nähe zu Fragen nach dem lebensunwerten Leben gern umgehen möchten.

Man kann sich dieser Frage aber auf ethisch einigermaßen sicherem Boden nur nähern, wenn man sich dessen bewußt ist, daß es in der Frage des Tötungsverbotes – weil dieses absolut ist – keine Lebenswert- und Lebensunwert-Diskussion geben kann und darf. Erst wenn dies absolut klar und unbestritten ist, lassen sich die ökonomischen Fragen des Rechtes auf Medizin überhaupt in ethisch vertretbarer Weise angehen. Nur dann kann man Entscheidungen zur Nichtbehandlung, zur Nichtanwendung dieser oder jener medizinischen Maßnahmen überhaupt verantworten. Eine Entscheidung, daß dieses oder jenes für das, was erreicht werden kann, zu teuer ist, wird dann gefällt werden müssen. Gesundheitsökonomen versuchen dies in Formeln zu fassen, sprechen, um es meßbar zu machen, über das QUALYS, was nichts anderes ist als die Abkürzung für Quality of Life in Years, also Jahre, die in Lebensqualität noch gelebt werden können, wenn ich diese oder jene Behandlung anwende. Die etwas grausame Bezeichnung hat lediglich den Vorteil, operationabel zu sein.

Über die Ökonomie breitet sich also bei uns langsam, aber sicher eine Praxis sozialer Triage aus, und dies besonders in der Nähe des Todes. Der derzeitige Streit um die Empfehlung der Deutschen Gesellschaft für Medizinrecht über die Behandlung (oder Nichtbehandlung) schwerstgeschädigter Neugeborener ist eine Randerscheinung dieser Ausbreitung. Lassen wir solche Praxis sozialer Triage, d. h. des Vorenthaltens an sich möglicher, aber zu teurer oder nicht bezahlbarer medizinischer Leistungen, einfach unbesehen zu, ohne die saubere ethische Klärung der zugrundeliegenden Entscheidungsstrukturen, folgen wir etwa generalisierend einem nur konsequentialistischen Denken, wie es uns von Peter Singer nahegelegt wird, dann werden wir uns schnell dem Recht des Stärkeren auch in der Medizin unterwerfen. Die kommende Knappheit an medizinischer Versorgung, hervorgerufen durch medizinbedingte Lebensverlängerung und hervorgerufen durch mehr technische Möglichkeiten der Medizin, wird uns harte Entscheidungen zum Unterlassen von Therapie und anderen medizinischen Maßnahmen abverlangen. Aber wir sollten nicht einfach aus und in Unklarheit über die zugrundliegenden Entscheidungsstrukturen darüber hinaus wieder zu töten beginnen.